**CICIR** 中国现代国际关系研究院中青年学者纵论

# 2050:
# 国际能源政治新秩序

韩立群 ◎ 著

时 事 出 版 社
北京

图书在版编目(CIP)数据

2050：国际能源政治新秩序／韩立群著. —北京：时事出版社，2022.7

ISBN 978-7-5195-0492-2

Ⅰ.①2… Ⅱ.①韩… Ⅲ.①能源政策—国际政治—研究 Ⅳ.①D5

中国版本图书馆 CIP 数据核字(2022)第 097166 号

出 版 发 行：时事出版社
地　　　　址：北京市海淀区彰化路 138 号西荣阁 B 座 G2 层
邮　　　　编：100097
发 行 热 线：(010)88869831　88869832
传　　　　真：(010)88869875
电 子 邮 箱：shishichubanshe@ sina. com
网　　　　址：www. shishishe. com
印　　　　刷：北京良义印刷科技有限公司

开本：787×1092　1/16　印张：13.25　字数：188 千字
2022 年 7 月第 1 版　2022 年 7 月第 1 次印刷
定价：80.00 元
(如有印装质量问题，请与本社发行部联系调换)

# 序

纵观这两年的国际政治，百年变局的意味越来越浓。

世纪疫情跌宕起伏，在直接影响人们生产生活的同时，也给国际政治带来了很多结构性冲击。有很多方面的变化，一旦发生就可能再也回不到过去。这些变化时刻提醒着我们，要关注大冲击所带来的结构性调整，及时更新自己的思维方式和行为方式，不然就可能跟不上时代，被大潮抛弃。

百年变局之下，可能产生这种重大结构变化和影响的领域很多。其中，能源是我们即将迎来明显结构性变化的一个重要领域。2020年、2021年两年，我们见证了能源领域的许多重要变化。先是在2020年初，疫情的发生导致世界经济被按下暂停键，能源需求大幅减少，能源价格断崖式下降，甚至出现罕见负油价，主要化石能源出口国持续减产。2021年初，世界经济加快复苏，对能源的需求又呈现垂直式上升，能源价格大幅飙升，欧洲天然气价格翻了7倍，电力价格翻了5倍，能源市场持续紧张。与此同时，全球旨在减少温室气体排放的联合行动不断加快步伐，上百个国家根据气候变化《巴黎协定》制订自主减排计划，世界主要经济体纷纷宣布碳中和目标。虽然各国减排目标不尽相同，节奏快慢不一，但减少化石能源、大力发展新能源和可再生能源却是实打实的，这给能源市场和国际能源政治带来了前所未有的冲击。

这些变化在国际政治经济层面产生了一系列连锁反应。当下各方最关注的，莫过于对关键矿产资源的全球竞争。可再生能源的生产、传输、存储、消费都需要用到稀土等矿产资源，这导致全球对关键矿产资源的需求大幅上升。但是，这些资源在全球的分布并不均匀，有些矿产的集中度比石油还高，仅出现在少数几个国家。一些原来高度依赖化石能源的国家，因为转型看到了实现能源安全的希望，进而加快推进能源转型，希望实现化石能源的提前退出。与此同时，化石能源在国际能源体系中的地位下降，必然导致其在国家权力结构中地位的下降，进而导致既有国际能源政治格局的变化，这对整个国际政治都影响深远。

新能源和可再生能源地缘政治属性相对较弱，但并不意味着能源地缘政治的消失。从"石油世纪"向化石能源与可再生能源并存的"电力世纪"的转型将重塑全球地缘政治格局。尽管长期看，化石能源的退出只是时间问题，化石能源可能不再是未来国际地缘政治的焦点，但新形态的冲突、争议和动荡仍不可避免。低碳转型过程中的传统能源安全冲击将在相当一段时间内存在，电力安全、能源网络安全及关键矿产资源安全等新型能源安全问题日益凸显，引起国际社会越来越多的关注。国际能源地缘政治格局也将进入油气地缘政治为主导向油气地缘政治与新型能源政治并存的过渡阶段，传统能源地缘博弈加速向天然气倾斜，围绕电力、可再生能源和关键矿产资源等的新型能源地缘政治竞争日趋激烈。

不少人可能已经意识到了这些变化，但要把它们系统的阐释和呈现出来并非易事。韩立群博士这本书的最大贡献，就在于他对这些林林总总的变化进行了系统前瞻的思考，并以一个相对完整的方式进行呈现，给我们很大启发。令我印象深刻的是，他在书中认为，化石能源具有依赖性、稀缺性、地缘性、外部性、垄断性等特征，这是今天国际能源政治得以运行的驱动力。而能源结构的调整，最为紧要的内容就是能源自身属性的变化，变换了能源政治的约束条件，进而导致驱动机制、互动单元、基本原则、基本安排都发生变化，呈现出一种新的政治结构。每一个参与能源政治的单元，都将遵循新的行为原则。而能源安全的理念和维护能源安全的方式、条件、手段等也将发生重要变化。

这些描述看起来似乎有些理想主义，作者对此进行了补充和回应。作者有着世界经济的教育背景，长期从事国际战略问题研究，积累了大量国际政治的鲜活故事。这使得他在描述国际能源政治的演变时，并非只是空洞的理论描述，而是充满了生动的事例，使得这些论述看起来更接地气，也更有说服力。在一番理论探索之后，作者别出心裁设计了"国际能源政治的周期效应"这一章节，这是衔结理论与实践、学术与政策、理想与现实的关键一章，其目的就是告诉读者，能源转型之路漫漫，未来还有大量坎坷与障碍，远不是一帆风顺的。在这章之后，作者安排了政治博弈、经济竞争、新型危机、国家安全四章，读来雅俗共赏，颇为过瘾。

回顾历史，人类为了驾驭能源经历了漫长探索，从学会用火、用水、用风，到用电、用油、用气、用核，再到以新的方式用光、用水、用风，乃至人造太阳，其间已经过去了数百万年悠悠岁月。同人类探索能源的漫长历史相比，可再生能源的现代化利用才刚刚开始，国际上关于能源转型的学术探索也刚刚开始。古人钻木取火，取得了珍贵的火种，获得了热和光，大大加快了人这个物种的繁衍壮大。希望这本书能够成为能源研究领域的一个火苗，启发大家进行更加深入、系统的思考，共同服务于国家现代能源体系的构建和全球人类能源命运共同体的建设。

赵宏图

# 前言　两个世纪的转换

19世纪中叶是科技加速突破的时期，层出不穷的新技术、新发明被广泛应用到生产生活中，催生了第二次科技革命和工业革命，极大推动了社会生产力的进步，也推动人类社会在经济、政治、军事、文化、外交等领域出现了翻天覆地的变化，人与人的互动、人对地球的开发和利用，国与国、民族与民族的关系也出现了空前的变化。科技和工业革命重塑了世界的结构，各种单元在这个新的结构里进行着更加丰富多彩的活动，世界更加充满活力。

驱动这个新世界快马加鞭向前狂奔的，主要是能源。第二次工业革命的主要特点，是石油作为一次能源和电力作为二次能源的大规模广泛应用。19世纪70年代前后，技术进步使得内燃机得以大范围应用，石油成了新世界的动力源。19世纪70年代，全球每年仅开采石油不超过100万吨，但这个数字在30年后的20世纪初就迅速飙升到2000万吨，扩大了20倍。这20倍，不仅是石油生产规模的扩大，也集中反映出整个人类生产水平的扩大。电力被广泛应用到工业生产、公共设施和日常生活中，极大提升了工业生产效率和人们的生活质量。随着时间不断向前推进，化石能源相关技术也在不断向前推进，到现在仍然是人类经济社会发展进步的关键支撑因素。

为什么石油驱动下的世界要比煤炭、木柴驱动下的世界更加先进？单纯回答科技进步是笼统的，还要聚焦到能源自身的特性上。所谓能源，就是我们这个系统的能量来源，能源自身所含的能量密度越大，它带给这个世界的能量就越集中、高效。本书通过对比发现，从木柴、焦炭、木炭、无烟煤，到煤气、煤油、柴油、汽油，再到现在的天然气乃至氢气，燃料热值是不断提升的。过去200年，我们所用的燃料经历了10兆焦（木柴）、30兆焦（木炭、焦炭、煤炭）、40兆焦（柴油、煤油、汽油、天然气）的大幅提升，每一次提升都伴随着经济社会的巨大发展。没有更大的能量供给，资本主义不可能"在四五百年间创造了人类社会几万年、几千年所无可比拟的经济发展速度"（马克思语）。

人类社会的发展水平需要与所使用的能源热值水平相匹配，落后的社会使用热值过高的能源会造成浪费，先进的社会使用热值过低的能源则会拖慢进步。这就好比一个原始部落最好烧木柴和木炭，而当今社会使用油气供能但人们却总是觉得能源供给不足，需要继续推进能效技术创新。同样的，如果进行横向对比，一个部落使用了越先进的燃料、拥有的能量水平越高，这个部落就越能脱颖而出，当代世界一个国家的能源供应和能效水平越高，这个国家的经济发展水平大概率就越高。这就是能源利用和社会发展的关系，也是能源与政治关系的根本。

人类可能在大约100万年以前就学会了用火，在漫长的岁月中，人类开发能源的目的只有一个，那就是寻找热值更高、更容易利用、供给更稳定的能源。

但是，100万年之后的今天，人类对能源的要求进一步提升，是否低碳环保成了人类寻找能源的新标准。

这几年，有越来越多的国家开始将21世纪中叶，也就是2040—2060年这个阶段，作为实现能源转型的一个关键时期，希望到那时实现能源利用的低碳、环保，减缓气候变化，回归绿色世界。为此，整个国际社会都已经行动起来。从20世纪90年代开始，旨在应对气候变化的国际行动加速展开，诞生了《京都议定书》和《巴黎协定》，诞生了共同但有区别的减排责任和国家自主贡献目标，诞生了碳达峰、碳中和这样的新理念，诞生了特斯拉、宁德时代、比亚迪这样的明星企业，加速了太阳能、风能等一系列新能源技术的开发应用，新能源成为未来科技、投资的重要方向，气候政治成为大国之间博弈的热点领域。气候变化、能源转型精彩纷呈。

从19世纪中叶到21世纪中叶，正好是两个世纪。在这两个世纪里，人类经历了数不清的大事件，世界的面貌焕然一新，能源领域也恰好经历了现代能源高歌猛进的两个世纪。现在，能源利用又一次走上了十字路口，不仅能源的种类要变，标准也在变，我们有理由发问，这会对政治产生什么影响？

关于这种变化，人们向来有两种认识：一种观点认为，单元变了，世界就要变，一个人坐在汽车上不可能跟他骑在马背上想的一样，用导弹杀死敌人跟刀枪刺死敌人完全不同，核弹塑造了新的安全结构；另一种观点认为，不管这个人是骑在马背上还是坐在汽车里，保证他自己的安全都是首要目标，骑马还是开车只是手段问题，不管是导弹还是刀枪，目的都是杀死敌人，核弹改变了世界格局，但国与国之间的关系，还不是重复着那些旧事吗？

两种观点各有道理，所解释的是不同层面上的问题。要看世界有没有变，关键看世界的结构有没有变。如果结构变了，那人们遵循的规律就要变，比如核武器的诞生的确改变了安全结构，但如果结构没变，那既有的规律就会继续发挥作用，比如由于力量对比所导致的秩序、格局变迁，并不会从根本上改变国家的行为方式。

回到前面的问题，能源转型将从哪个层面上影响国际能源政治呢？是从单元层面上，还是从结构层面上影响国际能源政治？会不会催生一种全新的国际能源政治，进而对身处其中的每个国家带来影响？我们应该怎么做？这就是本书要尝试回答的问题。

当然，由于能力所限，作者未必能看到能源转型对国际政治影响的方方面面，书中纰漏还请读者朋友批评指正。

# 目 录
## contents

**第一章 能源转型与国际政治 / 1**
 一、形势 / 1
 二、理论 / 8
 三、问题 / 16
 四、探讨 / 20

**第二章 国际能源政治的历史演进 / 27**
 一、煤炭时代 / 28
 二、石油政治 / 31
 三、两次危机 / 33
 四、未来格局 / 37

**第三章 国际能源政治的结构特点 / 40**
 一、驱动机制 / 40
 二、互动单元 / 44
 三、基本结构 / 49
 四、可变条件 / 56

## 第四章　新一轮能源转型的主要内容　/　59

一、内生因素　/　59

二、外生因素　/　70

三、过程与结果　/　78

四、开放性与不确定性　/　80

## 第五章　国际能源政治新秩序的表现和形成　/　88

一、驱动机制的变化　/　88

二、互动单元的变化　/　95

三、基本原则和基本安排的变化　/　98

四、基本内容和互动方式的变化　/　100

五、能源安全观内涵与外延的变化　/　105

## 第六章　国际能源政治的周期效应　/　107

一、历史周期　/　107

二、现实条件　/　111

三、新的路径　/　113

## 第七章　碳中和：能源转型与政治博弈　/　120

一、概念源起　/　120

二、各方立场　/　126

三、发展前景　/　135

## 第八章　碳关税：能源转型与经济竞争　/　146

一、争论历程　/　147

二、内外推手　/　150

三、深层原因 / 156

四、几点启示 / 160

# 第九章 碳危机：能源转型与新型危机 / 165

一、形势回顾 / 165

二、主要特点 / 167

三、影响因素 / 172

四、结论与思考 / 176

# 第十章 碳风险：能源转型与国家安全 / 178

一、碳壁垒风险 / 179

二、碳交易风险 / 180

三、碳融资风险 / 181

四、碳债务风险 / 183

五、碳技术风险 / 184

六、碳材料风险 / 185

七、"碳足迹"风险 / 187

八、竞争力风险 / 188

九、周期性风险 / 189

十、系统性风险 / 190

# 结 语 能源安全的未来 / 192

# 第一章  能源转型与国际政治

当前我们所处的国际能源政治环境，已经持续存在了数十年，这使得人们对能源与国际政治的关系形成了相对固定的认识，思维很难跳出既有轨道。但事情总会发生变化，特别是当国际能源政治的基础——能源本身发生调整时，建筑其上的诸多政治现象也必然发生调整，有些甚至可能是革命性的，这提醒我们必须及时更新思路。当前，能源转型的力量正在不断累积，人类对能源的开发利用或许就处在又一次颠覆性变化的前夜，人们理应为国际能源政治可能随之出现的调整做好充分准备。

## 一、形势

让我们从 2008 年金融危机谈起。

这次危机发生后，为了顶住瞬间崩塌的金融体系，拉住不断下行的经济增速，拯救苦苦支撑的产业体系，挽回萎靡不振的市场预期，许多国家都推出了史无前例的经济刺激政策，大量资金如巨浪般涌向市场，涌向各大机构，涌向各国看好的领域。10 多年过去了，当我们回头审视这些政策，惊讶地发现，有数量惊人的资金流向了绿色低碳领域，大量优厚政策在为低碳转型保驾护航。在资本支撑、政策护持和科技进步的共同推动下，全球能源转型又一次进入到繁荣期，新能源和可再生能源实现了空前发展。

2008—2018年这十年间，全球可再生能源投资总体保持上升趋势，全球累计投资2.09万亿美元，尽管2018年同比有所下滑，总投资额仍然达到2890亿美元，整体处于较高水平。① 相比之下，2018年化石能源上游投资约为5000亿美元，在可再生能源技术成本大幅下降、油气行业成本基本保持稳定的条件下，可再生能源与化石能源之间的发展差距实际上被进一步缩小。② 在这种积极氛围中，各种关于可再生能源发展的正面展望和规划层出不穷。

2019—2021年这三年间，国际社会特别是中、美、欧等主要国家和地区围绕《巴黎协定》的真正落地实施展开了密集互动，越来越多的国家开始制订国家绿色转型计划，公布或者更新温室气体减排的"国家自主贡献目标"（NDC），全球应对气候变化、绿色低碳转型进入到全新的发展阶段，转型时期的能源政治成为整个国际政治中最引人注目的领域之一。

2021年，新冠肺炎疫情跌宕起伏，极端天气层出不穷，能源危机骤然来袭，物资短缺难以置信。这些变化导致人们对生态安全、能源安全的热情空前上升了，"碳达峰""碳中和"等词汇不仅频频出现在政治家的口中，也成为街头巷尾、寻常百姓们热议的话题。

其中，欧盟是能源转型最积极，甚至是最激进的代表。2019年12月，在欧盟新一届委员会上任后发布的《欧洲绿色协议》中，明确到2050年实现欧盟净零排放的转型目标；2020年3月欧委会提交《气候法案》赋予这一目标法律约束力，并决定将2030

---

① REN21, "Renewables Global Status Report 2019," p. 148, https://www.ren21.net/reports/global-status-report/.

② IEA, "World Energy Investment Report 2019," p. 9, https://webstore.iea.org/world-energy-investment-2019.

年的减排目标从原定的较 1990 年减少 40% 上升至 50%。① 欧盟的环保力量空前壮大，绿党已经从民间论坛走上精英政坛，开始组阁执政纳谏、发文履职，不仅改变了欧洲的政治格局，也深刻影响着世界政治的发展。

回顾历史，这不是替代能源第一次成为能源行业热门话题。水力发电自 19 世纪晚期即进入较大规模商用阶段，20 世纪 40 年代后多次掀起建设高潮，但目前水电自身建设面临越来越大的环保问题和政治压力，在许多地区增速放缓。关于利用风力和太阳能发电的观点早在 20 世纪初即已出现，30 年代美苏开展了风力发电试验，70 年代末 80 年代初美国和北欧一些国家建成装机容量在 500—2000 瓦的风电场，满足一些地方社区的电力需求。此后，基本每隔 10 年左右，风电和光伏发电都会出现一些阶段性突破。但受经济性和稳定性等因素限制，始终未能得到普遍认可，许多项目实际上带有明显的实验性目的。

从当前发展进程看，可再生能源明显已经进入实质性大规模建设阶段，有五个特点是此前不具备的，很可能推动增长趋势长期持续，并对全球能源结构产生根本性影响。

其一，可再生能源发展与新一轮技术革命同时发生。一些关键技术不断取得重大突破，制造工艺不断改进，促使成本不断下降，稳定性不断上升，是推动可再生能源持续增长的重要原因。比如，太阳能光伏 2018 年单位投资成本 1210 美元/千瓦，比 2010 年（4621 美元/千瓦）下降了 73.8%；平准化度电成本 9 美分/千瓦时，比 2010 年（37 美分/千瓦时）下降了 75.7%。② 自 2010 年以来，全球生物质能、地热、水电、陆上风电和海上风电项目的全球

---

① EU, "The European Green Deal," p. 4, https://ec.europa.eu/info/strategy/priorities-2019-2024/european-green-deal_en.

② IRENA, "Renewable Power Generation Costs in 2018," pp. 14, 22, https://www.irena.org/publications/2019/May/Renewable-power-generation-costs-in-2018.

加权平均平准化度电成本都在化石燃料发电成本范围内。①

其二，全球连续保持低利率环境，为能源转型提供充足资金支持。2008 年金融危机后，美、欧、日转入低利率周期，长期保持宽松环境，市场流动性充足。加上经济复苏/刺激计划中流向可再生能源的部分资金，整个可再生能源行业享受了罕见的长期资金充裕环境。2010—2018 年，可再生能源投资增长 55%。② 有观点认为，未来全球还可能在相当长一段时期内保持低利率，将为可再生能源研发与建设提供充足廉价的资金支持。预计到 2025 年，可再生能源发电有望实现每年 322 亿美元投资，几乎是化石能源发电投资（116 亿美元）的 3 倍。③ 根据国际货币基金组织等机构预测，世界经济在未来几年可能再度陷入低增长，仍可能令全球继续处于低利率环境。2020 年初，全球暴发新冠肺炎疫情，多国迅速从加息周期转向降息周期，低利率很可能将再次持续超过 10 年，在此期间，可再生能源很可能再次取得关键突破。

其三，政策环境有利，发展低排放可再生能源成为一种政治正确。过去 20 年，环保主义政治势力在各国大行其道，欧洲尤其明显。2019 年欧洲议会选举中，气候和环境保护成为重要主题，环保主义政党异军突起，德国、英国、法国、爱尔兰、芬兰、奥地利等国绿党表现亮眼，绿党党团成为欧洲议会第四大党团。绿党参与组阁的芬兰政府宣布 2035 年前实现"碳中和"，比原计划提早 10 年。许多大型跨国公司都在标榜自己在低碳方面的成就，苹果公司宣布到 2030 年实现全产业链碳中和，谷歌宣称公司总部全部使用

---

① 按国家和燃料划分的化石燃料发电成本范围估计在 0.049—0.174 美元/千瓦时。
② IEA, "World Energy Investment 2019," 2019, p. 2, https://www.iea.org/reports/world-energy-investment-2019.
③ Will Mathis, "Clean Energy Investment Is Set to Hit $2.6 Trillion This Decade," Bloomberg, https://www.bloomberg.com/news/articles/2019-09-05/clean-energy-investment-is-set-to-hit-2-6-trillion-this-decade.

可再生电力，英国石油、埃克森等油气公司也不断宣传自己在可再生能源方面的投资研发计划。在此情况下，对可再生能源采取消极或反对立场往往需要冒一定的政治风险。

其四，国际政治环境整体有趋紧恶化态势，能源多元化有助于增加战略优势。进入 21 世纪第三个十年，国际安全格局明显变得更加动荡不安，大国军事竞争呈现过去半个世纪不曾有过的热度，2018 年全球武器销售强劲增长近 5%。① 政治环境趋紧将严重削弱市场手段的有效性，对外油气依赖成为一项国家战略短板，替代能源在当前变得愈发重要。油气对外依赖较高的国家面临的潜在能源安全风险上升，有必要加快替代能源的发展。即便可再生能源的军事应用暂未取得突破，扩大民用也可大幅降低油气资源储备压力。

其五，核能等其他替代能源不被看好。20 世纪 60 年代开始，美、苏、欧、日大力发展核电，欧洲国家和日本将核电作为能源发展的重要方向，但随着 20 世纪七八十年代连续出现美国三里岛核电站和苏联切尔诺贝利核电站事故，核电建设进入低潮。2011 年日本福岛核电站事故发生后，各国民众对核电的热情进一步降低，核电已经被移出德国等部分国家和地区的能源发展规划。欧委会 2019 年底发布的《绿色欧洲协议》起初不同意将核能列入转型方案，在捷克和匈牙利力争下才得以"暂时"纳入。弃核在欧洲早有先例。1986 年，耗时 10 年建成、运行仅 13 个月的德国米尔海姆—凯利希核电站就被法院判定违规，勒令停运。2002 年，施罗德政府决定到 2022 年关闭所有核电站，其后政策虽有反复，但弃核基本是大势所趋。日本是核电大国，福岛核电站事故后国内社会围绕核电存留展开了大争论。据 IEA 预计，即便在乐观情境下，到 2050 年核电也仅占全球装机总量的 5%，加速淘汰情境下可能

---

① SIPRI, "Yearbook 2020," 2020, p. 13, https://www.sipri.org/yearbook/2020.

仅占不到3%。①

　　能源具有很强的政治属性，能源转型不仅是一个技术和经济问题，更是一个政治问题。在当前这种发展转型趋势下，不得不考虑由此产生的政治影响，特别是对能源地缘政治的影响。可再生能源的地理和技术特征与煤、石油和天然气有着根本的不同。而化石能源的特性是当前各国之间能源竞争与合作的基础，一旦向可再生能源的过渡导致主导能源特性变动，势必松动这一基础，进而导致国际能源政治产生许多变化。基于此，人们对未来国际能源关系的内容进行了一些简单的预测，比如：

　　——短期内大部分消费国可能寻求依靠可再生能源替代海外进口，由可再生能源和化石能源并行的方式满足能源需求，中长期内寻求在适合的领域对化石能源进行完全替代。但包括化工在内的一些领域，由于化石能源是作为原材料存在的，除非合成技术取得突破，否则石油和天然气等仍是刚性需求。总之，由于可再生能源资源相对更加丰富，全球可能大幅降低对化石能源的需求，围绕化石能源开展的地缘政治博弈也可能会降温。

　　——可再生能源是本轮能源转型的主角，但由于可再生能源的载体是电，因此能源转型将大幅推动能源系统的电力化、智能化、网络化。而电力不适合跨国超远距离输送，因此这将导致能源关系的区域化，很难再像化石能源那样形成全球能源贸易网。区域化带来的后果可能是能源"割据"，每一个区域都有一个中心国家，占据高等级地位。大国之间彼此可能不进入对方的能源区域网络。

　　——因为电力化对设备生产原材料的大量需求，导致技术和关键矿物的稀缺，全球对相应材料和技术的争夺越来越激烈。由于大多数国家实际上可能并不掌握新能源和可再生能源的领先技术，这

---

① IEA, "Global nuclear power generation was down 3.5% in the first quarter of 2020," https://www.iea.org/fuels-and-technologies/nuclear.

些国家将需要在国内生产和海外进口相关设备与技术之间进行权衡，导致可再生能源技术及相关设备、原材料成为一种新的战略资源。但技术垄断与油气资源垄断完全是两种性质：技术壁垒存在被打破的可能，油气资源的地理垄断则几乎不可能被打破。

——新条件下也将出现一些全球性问题，各国对建立全球性治理机构，预防潜在冲突、推进互利合作的需求会上升。由于可再生能源特性与化石能源不同，可能会带来全球能源治理的转型调整。

类似的预测还有很多，可以简单归为三类：有的猜测直接套用了化石能源条件下国际能源政治的基本原则，只对能源的种类进行替换，同时这类预测一般还认为不同能源结构对应不同的能源政治，可将之称为"线性外推式"的预测；有的预测不仅替换了能源的种类，也认为新条件下能源政治互动的原则也可能会发生变化，可将之称为"非线性外推式"的预测；还有一些预测认为国际石油政治有其特殊性，替代能源（主要是可再生能源）在政治属性上无法同化石能源相匹配，如果油气被取代，国际能源政治将逐渐湮灭，与能源相关的政治成为一般性国际政治，专门进行解释和研究的意义不大，可将之称为"能源政治的终结"。① 对比可以发现，尽管预测不同，但都涉及到国际能源政治的演进路径问题。那么，能源转型条件下的国际能源政治将会出现哪一种演进路径，如果出现"新的能源政治"，其又将如何呈现？或者更直接地说：当可再生能源成为主导能源，国际政治中的矛盾与冲突是否会减少？

当然，在国际能源界，关于可再生能源能否成为下一个主导能源还存在不少的争论。有学者认为，鉴于可再生能源自身的诸多短板，它将更多起到补充和替代作用，在人类迎来下一个主导能源时代（氢能或核聚变能）之前更多扮演过渡角色。因此，在传统能

---

① Roman Vakulchuka, Indra Overlanda, Daniel Scholtenb, "Renewable energy and geopolitics: A review", Renewable and Sustainable Energy Reviews, Volume 122, April 2020.

源和替代能源并存的相当一段时间内，国际能源政治也将呈现出新旧并存、多元化和过渡性等特点。

## 二、理论

在很长一个时期内，化石能源牢牢占据能源地缘政治研究主导地位，受到的关注远远超过可再生能源，石油地缘政治基本是国际能源政治的代名词。近十年来，随着能源转型进程开始加速，特别是由于其社会和政治效应逐步显现，有关能源转型对国际政治影响的研究开始迅速增多，已经形成了一个专门的研究领域。

据考证，能源转型（energiewende）这一概念最早可能由德国学者提出，在英文语境中 energy transition 和 energiewende 两个词可以并用，但前者用的更多一些。[①] 我国的政策文件一般习惯用"能源革命"（energy revolution）来形容国家能源系统的现代化进程，将能源转型作为现代化进程中的一部分，学术界则更多使用"能源转型"（energy transition）一词。比如，在《"十四五"规划和2035年远景目标纲要》中，"能源革命"一词出现两次，"能源转型"没有出现。

尽管从历史上看，能源转型可以被十分简洁地描述为主要能源的更替，即从柴薪到煤炭、从煤炭到石油的两次进程，但学术界从能源转型的过程、范围，主要能源的属性，能源与社会的关系等维

---

① 斯蒂芬·科勒：《德国能源转型的得与失》，《能源》2009年第7期，第39—41页。英文中还有一种用法是 Energy Transformation，相比之下，Transition 强调过程，Transformation 更强调结果。比如，瓦科拉夫·斯米尔（Vaclav Smil）关于能源转型历史的名著 "Energy Transitions: History, Requirements, Prospects" 使用 Transition，而国际可再生能源署研究转型目标的报告 "Global Energy Transformation: A Roadmap to 2050" 则使用 Transformation。

度进行比较、挖掘,仍然产生了许多不同认识。

瓦科拉夫·斯米尔（Vaclav Smil）认为,能源转型是能源供给构成或结构的变化过程；从不同角度理解,能源转型代表不同的意义；不能只考察一种能源的演变过程,应该从整个能源体系来考察；不仅要从社会层面考察能源转型,也要考察全球能源结构的变化；不仅要看某一时点上的能源结构,也要关注整个转型过程。斯米尔认为,到目前为止人类已经经历了畜力、风力、火力、电力四个阶段,但如果从燃料看,则经历了柴薪生物能、煤炭和石油三个阶段。彼得·奥康纳（Peter A. O'Connor）等认为能源转型是能源在社会领域应用的一系列显著调整,包括来源、流通、转化、服务等诸多领域,是从一种新能源被引入到能源体系开始,到这种能源成为主导型能源的过程,往往需要持续相当长时间。文森特·佩蒂特（Vincent Petit）认为能源转型的过程在很大程度上就是经济社会转型的过程,人口、社会、能源等因素是相互结合的,不存在单一的能源转型。阿尔努夫·格鲁布勒（Arnulf Grubler）指出,当主要能源在社会、经济、环境等诸多方面都不可持续时,人类对下一次能源转型的需求将变得非常明显和广泛,但能源转型的路径依赖和锁定使得转型非常艰难。罗伯特·海夫纳（Robert Hefner Ⅲ）从能源的形态出发,认为人类能源结构经历了固态、液态、气态三个阶段,视角非常独特。[1] 国内学者童光毅对能源转型的方向、内涵进行了探讨,认为能源转型是能源生产和消费结构发生根本性改变的系统工程,是能源消费模式、能源生产模式和能源系统结构的

---

[1] Vacal Smil, "Energy Transitions: History, Requirements, Prospects", Praeger, 2010, pp. 2 – 50; Peter A. O'Connor, Cutler J. Cleveland, "U.S. Energy Transitions 1780 – 2010", Energies, Volume 7, 2014, pp. 7955 – 7993; Vincent Petit, "The Energy Transition: An Overview of the True Challenge of the 21st Century", Springer, 2017, pp. 5 – 30; Arnulf Grubler, "Energy transitions research: Insights and cautionary tales", Energy Policy, Volume 50, November 2012, pp. 8 – 16; Robert Hefner Ⅲ, "The Grand Energy Transition: The Rise of Energy Gases, Sustainable Life and Growth, and the Next Great Economic Expansion", Wiley, 2009, pp. 1 – 70.

全面优化。在能源转型背景下，能源终端消费结构将从以一次能源为主向二次能源转变，能源供应体系将向清洁、低碳、智能、高效、安全方向发展，同时能源系统空间布局将呈现集中式与分布式相统一的发展趋势。① 相比学者繁复的描述，一些国际能源机构的描述更加简单直接。国际能源协会认为，能源转型是能源结构的根本性变化，是全球性的普遍现象；国际可再生能源机构认为，本轮能源转型就是从化石能源到零碳能源的转变。②

关于能源转型的过程，斯米尔以美国为例，指出原油从被商业开采到占能源消费的 10% 用了半个世纪，随后又用了 30 年占到 25%；天然气用了 70 年从 1% 上升到 20%；煤炭用了 103 年才占到 5%，随后用了 26 年占到 25%；核电用了 38 年占到 20%。某些能源尽管绝对消费量增长很快，但相对增长也就是占比的扩大仍然较慢，总体占比仍然较小。文森特发现能源转型往往需要很长时间才能完成，而且是累积性的。本杰明·K. 索瓦库尔（Benjamin K. Sovacool）认为转型发生在不同领域，虽然整体转型很慢，但每个领域的转型却相对高效，可以在十年到一代人的时间里出现显著变化，比如空调、烤箱、电动车这种终端的转型很快就完成了。在有些国家，能源转型进展的速度很有典型性，比如法国转向核能、科威特转向石油、荷兰转向天然气，都只花了不到十年时间。③

关于新一轮能源转型的方向，目前绝大部分学者都认为将是以可再生能源为主的新一代能源对油气和煤炭等化石能源的替代，并

---

① 童光毅：《关于当代能源转型方向的探讨》，《智慧电力》2018 年第 10 期，第 1—3 页。
② World Energy Council, "World Energy Scenarios 2016: The Grand Transition," https://www.worldenergy.org/publications/entry/world-energy-scenarios-2016-the-grand-transition; IRENA, "Energy Transition", https://www.irena.org/energytransition.
③ Vacal Smil, "Energy Transitions: History, Requirements, Prospects, Praeger," 2010, p.60; Vincent Petit, The Energy Transition, "An Overview of the True Challenge of the 21st Century," Springer, 2017, p.56; Benjamin K. Sovacool, "The history and politics of energy transitions: Comparing contested views and finding common ground," UN University Working Paper, 2016, p.81.

且将产生一系列社会、经济和政治连锁反应。当然也有部分怀疑论者，但他们怀疑的主要目标一般是环保问题，并非能源本身。目前的主要争议在于转型的进程，尽管像国际可再生能源署等方面给出了 2030 年、2050 年这样的时间节点，许多国家也在政策规划中明确了时间表，但大多数学者持谨慎乐观态度，认为转型进程受到政治氛围、经济增长等多方面因素影响，仍存在很大不确定性。

能源转型作为一项技术与社会议题，很早就得到国际社会的高度关注，但有关能源转型对国际政治影响的研究近年才开始迅速增加。化石能源牢牢占据地缘政治研究主导地位，受到的关注远远超过可再生能源。

20 世纪七八十年代，石油危机引发美欧对替代能源的关注，太阳能、风能等替代能源曾集中出现一波发展热潮，引发学界对能源转型与地缘政治关系的早期讨论。1972 年，美国国家科学基金会（NSF）和美国国家航空航天局（NASA）评估认为，太阳能利用不可避免地会产生环境、社会和政治后果，对美国具有重要战略意义，需要高度关注。1973 年爆发第一次石油危机，J. 威廉姆斯（J. Williams）在随后指出，大规模采用太阳能将避免与化石燃料消耗相关的国际能源危机。

1980 年，美国联邦应急管理局（FEMA）委托加州科学院研究如何通过能源转型增强能源安全保障。后者研究认为，可再生能源具有分散部署的优点，可以抵消油气集中输送导致的脆弱性，可以减少国际和地区冲突。[1]

---

[1] P. Donovan, W. Woodward, et al., "An assessment of solar energy as a national energy resource," NSF/NASA, Dec. 1, 1972, https://ntrs.nasa.gov/archive/nasa/casi.ntrs.nasa.gov/19730018091.pdf (20200103); J. Williams, "Solar energy: technology and applications," Science Publishers, 1974; J. Mc Casker, W. Clark, "Dispersed, decentralized and renewable energy sources: alternatives to national vulnerability and war," California Academy of Sciences, Dec. 1, 1980, https://www.osti.gov/biblio/6048108 (20200621).

整体看，这些早期讨论主要关注影响"有和无"的基本问题，还没有进行更为深入的探讨。而且随着石油危机的缓解，关于替代能源与地缘政治的讨论显著减少了。直到最近10年，由于可再生能源不断取得新的技术突破，并且实际展开大规模部署，关于能源转型与能源国际政治的研究又开始迅速增多起来，特别是相关研究的层次也更丰富。

关于能源转型对国际能源政治的具体影响，目前学界观点主要分为三种类型：

一是认为新一轮能源转型将显著减少国际冲突，国际能源关系将更加温和。以丹尼尔·舒尔腾（Daniel Scholten）和里克·博斯曼（Rick Bosman）为代表的一些学者认为，可再生能源等替代能源可以推动大多数消费国从内部解决能源供给问题，能源自足会显著减少国际冲突。与化石能源相比，可再生能源在生产、输送、定价等方面不容易被操纵，因而其作为国际能源政治的工具性不强。由于可再生能源不具备地缘性、稀缺性等化石能源的特性，各国可能没有动机为此发起地缘政治冲突。同时，如果替代能源在多数国家得到应用，将推动国际能源实力对比更加均衡，特别是缩小南北在能源领域的巨大差异。①

二是认为新一轮能源转型不会减少有关能源的国际冲突，国际能源政治不会出现太大改变。大卫·罗斯科夫（David Rothkopf）为代表的一些学者认为，在一个以可再生能源为主导能源的世界里，国际冲突的程度可能不亚于化石能源。这些冲突可能与化石能源类型相似，也可能以新的形式出现。比如，卡佩兰·佩雷兹

---

① Daniel. Scholten, Rick. Bosman, "The geopolitics of renewables: exploring the political implications of renewable energy systems," Technological Forecasting and Social Change, Volume 103, February 2016, pp. 273–283; Andre Mansson, "A resource curse for renewables? Conflict and cooperation in the renewable energy sector," Energy Research & Social Science, Volume 10, November 2015, pp. 1–9.

（Capellan Perez）认为，如果能源转型发生在持续的高能耗条件下，能源系统会非常脆弱，可能导致新的能源安全漏洞，进而影响能源地缘政治稳定；杜肯·弗里曼（Duncan Freeman）认为即便可再生能源可以结束石油战争，但也有可能以贸易战的形式引发新的国际经济冲突。①

尽管核心观点有差异，但第一和第二种立场都认可对原材料和关键矿物的争夺可能会引发新的冲突。比如，丹尼尔·斯克尔顿和里克·博斯曼认为，虽然可再生能源不会耗竭，但用于生产可再生能源的关键矿物却是稀缺的，各国将会从争夺能源本身转向争夺技术、设备和原材料；罗斯科夫认为可再生能源虽然减少了对石油资源的依赖，但也增加了对关键材料的依赖，并加剧了对它们的国际竞争，可能会产生严重的安全影响，进而导致地缘政治的不稳定。对稀土等材料的高度依赖，所产生的地缘政治成本可能比对石油的依赖更高。②

三是不可知论，即认为能源转型的影响仍然不确定，现在就未来的地缘政治下结论还为时过早。特别是这派观点还认为国际能源政治的变化以国际政治为背景，遵循国际政治的基本原则，能源本身不是决定性的因素。包括麦克尔·格鲁布（Micheal Grubb）、布

---

① David. Rothkopf, "Is a Green World a Safe World?", Foreign Policy, Aug. 22; Capellan Preze, "Assessing vulnerabilities and limits in the transition to renewable energies: land requirements under 100% solar energy scenarios," Renewable and Sustainable Energy Review, Volume 77, September 2017, pp. 760 – 780; Duncan Freeman, "China and Renewables: The Priority of Economics over Geopolitics," The geopolitics of renewables, Springer Nature, Cham 2018, pp. 187 – 201.

② Daniel. Scholten, Rick. Bosman, "The geopolitics of renewables: exploring the political implications of renewable energy systems," Technological Forecasting and Social Change, Volume 103, 2016, pp. 273 – 283; David Rothkopf, "Is a Green World a Safe World?", Foreign Policy", Aug. 22, 2009; Duncan Freeman, "China and Renewables: the Priority of Economics over Geopolitics," The geopolitics of renewables, Springer Nature, 2018, pp. 187 – 201.

拉德肖（M. Bradshaw）等在内的代表性学者认为，不仅无法简单判断未来国际能源政治和平与否，也无法进行更加系统性的分析，未来的能源政治很可能是油气政治和替代能源政治的混合体，将存在明显的二元性。①

表1—1 关于能源转型的代表性观点

| 观察角度 | 代表性定义 | 转型进程 | 推动因素 | 国际政治影响 |
|---|---|---|---|---|
| 1. 能源结构<br>2. 能源体系<br>3. 社会层面<br>4. 全球层面 | 1. 从一种主导能源转变为另一种主导能源的过程<br>2. 从一种能源体系转向另一种能源体系的过程 | 1. 柴薪—煤炭—石油—替代能源<br>2. 有机—无机—可再生<br>3. 固态—液态—气态<br>4. 含碳—零碳 | 1. 能源危机<br>2. 技术进步<br>3. 能效需求<br>4. 政策需求 | 1. 减少冲突<br>2. 增加冲突<br>3. 不可知论 |

资料来源：根据相关文献梳理。

综合看，由于对能源转型政治影响集中开展研究的时间比较短，相关研究大都集中在一些人们最感兴趣的热点问题上，对一些更加基础性的问题研究还不够，特别是缺少解释性强、层次性明显的文献。关注可再生能源对国际政治影响的荷兰学者克里克曼（David Criekemans）认为，目前的地缘政治和国际关系文献"在探索向可再生能源过渡的潜在地缘政治影响方面几乎没有触及表

---

① Micheal Grubb, "The cinderella options a study of modernized renewable energy technologies part 1 – A technical assessment," Energy Policy, Volume 18, Issue 6, July-August 1990, pp. 525 – 542; M. Bradshaw, "In search of a new energy paradigm: energy supply, security of supply and demand and climate change mitigation," Volume 152, pp. 11 – 28.

面"。① 如果更进一步聚焦本书所涉及的主题，会发现这些研究往往忽视对可再生能源新特性如何从根本上改变能源地缘政治性质的研究，没有把可再生能源的"破坏性潜力"作为重新定义能源政治的出发点，而是倾向于将能源转型仅仅看作是能源结构的调整，是从技术层面来看待转型问题。此外，还有一些观点更具批判意味：

一是缺少理论化的分析框架。到目前为止，还没有一个具体理论来支持关于能源转型与能源地缘政治关系的有关主张，而且研究地缘政治的学者也不是非常关注能源转型，没有给出有力的分析工具，这导致有关研究主要借助历史分析法、归纳法等得出，相关结论的稳定性可能存在问题。②

二是看待问题的角度值得商榷。未来国际能源政治如果发生变化，主要原因可能不是可再生能源的崛起，而是石油的衰落，后者对国际体系的复杂影响更为深入。要从减量而不是增量的角度看待能源转型。③

三是没有阐明时间序列。所有影响不可能是一夜之间发生的，会有过渡阶段和先后顺序，但目前只有少数学者给出了与过渡阶段

---

① David Criekemans, "The geopolitics of renewable energy: Different or similar to the geopolitics of conventional energy?", Conference paper, ISA Annual Convention 2011, March 2011, p. 4.

② M. O'Sullivan, et al., "The Geopolitics of Renewable Energy," Columbia University and the Norwegian Institute of International Affairs, https://www.researchgate.net/publication/317954274.

③ David. Rothkopf, "Is a green world a safe world?", Foreign Policy, Aug. 22, 2009; Thijs Van de Graaf, "Battling for a shrinking market: oil producers, the renewables revolution, and the risk of stranded assets," The geopolitics of renewables, Springer Nature, 2018, pp. 97 – 121; Indra Overlanda, "The GeGaLo index: Geopolitical gains and losses after energy transition", Energy Strategy Reviews, Volume 26, 2019.

相关的潜在风险和冲突的具体和详细的例子。①

四是将替代能源作为一个整体进行分析，没有细分不同种类能源的差异性。比如，在定性和定量分析中发现，水力发电和风力发电在加强中国能源安全方面的潜力最大，而太阳能发电的潜力最小。然而，大多数学者只是笼统地提到"可再生能源"或"清洁能源"，而没有解释他们所提及的是哪种类型。这就留下了许多疑问，比如，与生物燃料、风能、太阳能和水电相关的国际安全风险是否相似？扩大风力发电的地缘政治后果是否与太阳能发电一样？②

五是仍然缺少足够的案例。尽管替代能源的科技史可能已经有上百年时间，但大规模应用史却非常短暂，一些国家间政治互动仅仅是近一二十年才出现的，有研究价值的政治史料就更少之又少。而且目前化石能源仍占据绝对主导，有些现象很难分清其中的影响源头是什么。③

## 三、问题

能源转型是现实性很强的领域，目前各界对能源转型进程及其影响仍有不少争议。除上述学术争议外，还有一些是政府、企业、用户等能源转型的直接参与者提出的，他们的观点有很强的现实性，其立场将直接决定决策，对能源转型有着更直接的影响。笔者在确定本书的写作设想后，曾与师友、同事进行过不少讨论，得到

---

① Roman Vakulchuk, Indra Overlanda, Daniel Scholtenb, "Renewable energy and geopolitics: A review, Renewable and Sustainable Energy Reviews," Volume 122, 2020.
② Roman Vakulchuk, Indra Overlanda, Daniel Scholtenb, "Renewable energy and geopolitics: A review, Renewable and Sustainable Energy Reviews," Volume 122, 2020.
③ Ibid.

的回应也是不尽相同。在正式开始研究之前,本书也尝试提出部分问题,对这些问题的回答直接体现本书的基本研究立场。

第一,可再生能源目前占比仍然较小,尚不能替代化石能源,未来的转型方向仍有不确定性。基于目前的转型趋势做研究,能否得出关于转型影响的完整结论?这样的研究是否有意义?

向可再生能源的转型是否成功,并不是衡量转型影响的尺子,本书并不研究转型是否成功,而是研究转型本身的影响。只要有转型过程,就会存在政治影响。描述这些影响产生和发展的过程,解释其中的一些现象为什么会发生,接下来还会发生什么,其中的原理是什么,有助于我们更好地认识能源政治,制定相应的对策,更有利于维护能源安全,是一件非常有价值的工作。而且,现在已经有大量的例子表明,能源转型正在发生,向可再生能源的转型是其中一个最有希望的方向。

任何商品都有交换价值和使用价值二重属性,能源作为一种战略性极强的资源,有时其交换价值要大于使用价值,也就是它的政治属性要大于自然属性。人们经常讨论石油短缺,但二战至今还没有哪个大国真的出现过持续的石油短缺。全球油气资源非常充沛,以现在的开采力度,还可以被开采上百年。

所谓的短缺,事实上都是"政治短缺""经济短缺",而不是"自然短缺",短缺是相对的,所以我们不能因为油气在全球自然上仍然很充沛,就断言能源转型不会产生政治影响。一种能源的影响消散,也并不一定要等到这种能源枯竭,发挥关键作用的是政治。曾任沙特石油部长的谢赫亚马尼曾说过,石器时代的终结不是因为石子被人们用完了,而是因为出现了冶炼技术。苏联是油气生产大国,境内石油完全可以满足所需,但仍然从中东的伊朗等国进口石油,主要是出于政治需要。在全球石油供大于求的今天,朝鲜因为遭受制裁极度缺油,委内瑞拉作为石油储量大国也出现能源紧张,这都是政治因素造成的。

一种能源产生巨大政治影响,并不一定要等到其成为主导能源,关键也是政治因素。一战期间,石油在全球一次能源消费中的占比远远小于煤炭,甚至小于木材,但这并不妨碍西欧国家和美国、俄国围绕石油展开激烈争夺,因为它们直接感受到了石油在战争中的作用,它们看到了石油在未来国际政治中的地位。当前可再生能源业主要在中国、欧盟、美国等一些地区集中发展,远远没有在全球铺开,但这也不妨碍中、美、欧将其视作未来竞争力的关键。事实上,很多围绕能源转型及相关领域的博弈,早就已经大规模展开了。

第二,当我们谈转型的影响时,指的是转型期的影响,还是转型后的影响,这会不会让结论看起来混乱而缺少说服力?

能源技术的进步是连续发生的,当重大突破出现时,可能在某个较短周期内或者是一个时间点上出现比较紧凑的能源结构调整,我们可以将之称为"转型原点"。重大技术在酝酿时,将出现一系列关于能源的新尝试,大部分可能是失败的。由于能源安全的重要性,主要政治行为体——主要是国家——有足够动力去推进这些新尝试,并应用其中一些看起来可行的技术,以取得领先地位。我们希望研究量变引起质变后的集中表现,最好是全球性的,在目前来看难度较大。但这并不意味着我们无法研究变化本身,其中的质变——在某些领域、某些地区、某些主体上,有些正在发生阶段性质变,可以被清晰地观察、描述和研究。这些变化的标志是:政治结构已经发生了稳定的不可逆变化,可以以此为基础得出稳定的结论。同时,转型也具有周期性,过渡时期的特点同样值得研究。因此,本书不是机械地区分转型前和转型后,而是着眼于那些稳定的、可供研究的现象,得出相对可靠的结论,并将这些事实结论和此前的假设性结论结合起来,探索能源转型及其过渡期的政治性影响。

第三,国际政治自身的发展,以及化石能源领域的发展都可能会影响能源转型的进程，如何区分因果关系？

化石能源的大规模工业化应用，是"技术和市场在先、政治和政策在后"，由市场创造需求。而过去半个世纪以来，替代能源的推广主要是"政治和政策在先，技术和市场在后"，人们希望由需求创造出市场，主要能源消费国出于能源安全、气候变化等政治需要，努力寻找替代能源。政府在可再生能源发展中发挥了主导作用。欧洲可再生能源发展水平较高，主要是因为欧洲的能源安全压力较大，欧洲的后工业化社会对生态环保的关注度较高；中美日可再生能源技术发展较快，主要是由于竞争性压力等现实因素导致。也就是说，当我们研究可再生能源作为自变量，对因变量国际政治的影响时，应该了解在某种程度上自变量本身就是因变量的产物。

可以通过三个角度的研究来理解这一问题。（1）如果 A 导致 B，那么 A 在 B 出现后自身形态是否发生了变化？比如，在当前国际能源政治条件下，一国为改善自身处境选择替代能源政策，当推进相关政策后，它的能源安全处境会发生变化吗？或者，当前的国际能源政治环境迫使许多国家选择推进能源转型，当这种现象出现后，反过来会对当前的国际能源政治环境产生什么影响？（2）国际政治是一个笼统的概念，能源政治的现实状态是推动一国开发替代能源的重要原因，但能源转型的政治影响不只是能源政治，还包括其他方面的政治问题，特别是那些与能源间接相关的问题。（3）从历史与政策的角度，我们关注化石能源属性变化对能源政治的影响，因果关系相对清楚。从理论与方法的角度，我们可能更关注能源政治本身普遍适用的原理，输入不同的能源属性，可以得到不同的结果，而不用区分先后关系。

第四，能源转型在社会层面的影响可能更加明显，如何确定其对国际能源政治的影响作用？

作为中间步骤，研究可再生能源特性对商业模式、市场运行、贸易模式、社会关系、政治结构等方面的影响具有重要作用。有观点认为，可再生能源模式可能会冲击传统政治权威，因为化石能源往往需要高度集中的政治和资本，会造成权力集中甚至是垄断，而分散式发电资金投入小，对大型基础设施的需求较少，可再生能源对传统政治权力的依赖将远小于化石能源，这将对国家内外决策产生重大影响，在不同政治体制下会有不同表现。由于能源转型，市场必须重新配置投资，并相应对风险概念进行修订，这些将会明显影响国家内外政策的倾向。研究这些中间步骤，可以进一步挖掘可再生能源国际政治影响的深层作用机制。

## 四、探讨

归纳法和历史法是研究国际政治最常用的两种基本方法。如果要更深入研究能源转型的系统影响，仅有这两种方法可能是不够的。以下样本为例：

样本一：一战期间，欧洲参战国开始逐渐认识到石油的重要战略意义。二战期间，对石油资源、运输通道和生产设施的争夺成为军事决策的重要目标，轴心国能源供给不足这一特点即便没有决定战局走向，至少也加速了战争的结束。在此期间，国际能源竞争成为主要国家对外政策的重要内容，国际能源博弈频繁在大西洋两岸、东欧、中东、北非和亚太地区上演。这一阶段，两次大战既是军事力量的比拼，也是金融、工业和能源的战争。如果回顾工业革命初期煤炭所带来的政治影响，更能体现能源结构对能源政治的决定性作用。与之相比，历史上那些围绕森林、水源、捕猎场、矿井等自然资源展开的争夺要弱得多。这些变化的出现，主要是能源消费结构自身的调整导致的。

样本二：20世纪50—70年代，发展中国家中的石油生产国与发达国家围绕油气所有权展开激烈竞争，阿拉伯产油国以石油作为战略武器，撬动地缘政治杠杆，迫使西方国家在阿以问题上让步，爆发了石油危机。为应对突然出现的能源安全问题，西方国家也做了许多战略性调整。双方的互动奠定了今天我们所讨论的能源国际政治的基础。这一阶段国际能源政治的剧烈调整，主要是由国际政治的外部因素导致的，包括能源结构等内在因素并未发生明显变化。

样本三：同样是20世纪50年代开始，尽管石油资源距离枯竭还有很远距离，但包括西欧国家和日本在内的一些国家已经开始研究化石能源的替代技术。到21世纪初，新能源技术突飞猛进，对新能源的投资建设也以前所未有的规模展开，欧洲等地区的可再生能源已经开始发挥实质性作用，许多围绕新能源产业链上下游展开的全球政治博弈也已经悄悄上演。特别是，国际社会高度关注中美在新能源及相关技术领域的竞争，认为某种意义上中美能源竞争对未来国际格局发展具有决定性影响。但如果从能源结构上来看，目前化石能源仍牢牢占据主要能源的位置，可再生能源占比仅是化石能源的一个零头。这些变化，既不是能源结构调整所致，也不是国际政治结构调整所致，而是由于观点、理念认识的变化所致。

样本四：2010年前后，用于开采页岩油气的水力压裂技术取得重大突破，加之国际油价上涨，使得拥有大规模页岩油气的美国、中国和部分欧洲国家的能源自给潜力大幅提升，由于这些国家同时也是世界主要能源消费国，由此可能削弱全球油气生产与消费分离的传统格局，进而对国际能源政治产生重要影响。美国借助非常规油气生产，再次喊出"能源独立"的口号，已经对国际油气市场产生了重大影响。而中国和欧洲的非常规油气潜力到目前似乎还没有完全释放出来，国际社会也在关注后续是否会有重大变化。这种变化，主要是由于次一级的能源结构调整所致，还没有上升到能源结构的根本性调整。

样本五：过去两个世纪，能源结构（技术）和政治环境（政治）作为影响国际能源政治的两个因素大致呈交替出现的规律，按照技术（煤炭＋工业革命）—政治（19世纪至20世纪初的欧洲政治格局大调整）—技术（石油＋工业革命）/政治（两次世界大战）—政治（战后民族主义＋石油危机）—技术（新能源技术＋新一轮产业革命）的顺序上演。

如果不考虑国际能源政治变化的层次和性质，只对以上内容做一个简单归纳可以发现：（1）能源结构调整会引起国际能源政治调整；（2）国际政治格局变化会引起国际能源政治的变化；（3）能源技术的趋势性变化尚未引起能源结构的实质性调整，但也会对国际能源政治产生实质性影响；（4）如果能源结构调整期恰好与国际政治格局的调整期叠加，其作用将被成倍放大；（5）能源结构和政治环境两者都会对国际能源政治产生影响，但两者存在明显不同之处。

这些简单归纳是我们在研究一个事物对另一事物的影响时所常用的办法。除了上述五点，其实还可以归纳出更多特点。比如，能源政治与国际政治也会相互影响，主要国家对能源政治的影响发挥主要作用，技术是决定能源结构的前提，等等。但这些特点往往只是从某一个切面上横向展开，并不能解释问题的性质和层次，也很少解释事物发生发展的原理。因此，如果考虑变化的层次和性质，仅依靠归纳法显然是不够用的。① 比如，围绕石油展开的政治与围绕煤炭展开的政治在性质上有没有不同之处？在基本原理上有没有不同？

如果我们去国际政治理论中寻找，大概会得到两种截然不同的答案。注重历史与政策的学者会告诉我们，二战前后的国际能源政治是截然不同的，战前的能源政治，要么是宗主国与殖民地之间的

---

① ［美］肯尼斯·华尔兹著，信强译：《国际政治理论》，上海人民出版社2008年版，第19—39页。

内部事务，要么是帝国主义之间的争夺，没有发展中国家、资源生产国、消费国、资源民族主义这些当代概念，更不用说治理、发展、公平等概念，纯粹遵循古典现实主义的风格行事。注重理论与方法的学者可能会告诉我们，能源、金融、气候、裁军等尽管是国际政治中的热门话题，但都属于"功能性"领域，属于被解释的问题。尽管这些领域各有其特点和规律，但都要遵循基本政治原理，可以用普遍适用的理论来解释和预测，至于是现实主义、建构主义还是自由主义，并不影响解释力。能源政治中的能源是石油还是煤炭，并不是理论考虑的主要因素。

我们现在面临的现实问题是，未来可能替代化石能源的新能源——可能是可再生能源，也可能是别的能源——在特性上与化石能源存在巨大差异；未来一个时期的国际政治也可能出现新的结构，与过去30年有明显差异。这两种差异叠加在一起，将导致国际能源政治产生什么变化？会不会导致国际能源政治在结构和层次上发生根本性调整，而不仅仅是内容的变化？如果是，可能将导致能源安全概念必须做出调整，将对各国特别是主要能源消费国的内外政策产生巨大影响。尽管目前能源转型仍存在很大不确定性，但转型本身已经是大势所趋，在一些领域，能源转型已经切实出现了政治影响。鉴于能源本身具有的重要战略意义，有必要对这些问题早做研究。

可再生能源的地缘政治直到最近才成为学术研究的课题。国际关系学者在研究能源地缘政治或安全问题时，几乎只关注石油和天然气，而可再生能源专家则关注新技术的开发和市场推广。尽管一方面有大量关于能源安全和能源地缘政治的文献，另一方面也有可再生能源技术和可持续发展的文献，但关于可再生能源的地理和技术特征如何形成国际能源关系的研究仍处于起步阶段。特别是缺乏探索这个问题的共同框架，现有的研究只提供零散的、局部的见解，没有在更广泛的地缘经济和地缘政治背景下研究能源转型。

政策研究工作所遇最频繁的任务可能就是研究"甲对乙的影响及对策"。比如,"特朗普上台对美国能源政策的影响及我对策""美国退出《巴黎协定》对全球气候治理的影响及我对策""欧洲能源转型对美欧关系的影响"等。一般使用的研究方法是归纳法,即研究当甲发生时,乙的各个不同方面已经或即将出现的变化,再将这些变化分类归并,总结出一些特点。这种方法的最大缺陷是,所归纳的素材可能不是一个层次上的,把不同层次上的素材放在一个框架下,平行地使用、分析,解释力存在很大疑问,可能与现实相去甚远。

对可观察的事物进行归纳本身只能发现一些规律,解释问题的片段,并不能深入解释被观察的事物。总结再多的特点,也无法解释事情为什么会发生,以及接下来还将如何发生。华尔兹在《国际政治理论》一书中曾经举了一个例子:天体物理学家试图解释拥有两万颗恒星的星云的运行情况……观察星云各组成部分的运行轨迹,拿到连篇累牍的大量图表……发现并不是真正需要这些东西。要研究运行的原理,只需要研究一个轨迹就可以了,把再多的轨迹的特点加起来也无助。① 蒂莫西·雷曼(Timothy C. Lehmann)认为,尽管能源地缘政治是人们耳熟能详的主题,但实际上缺乏细节。对其具体运行机制、原因、主体、客体、效果等内容的描述并不充分。很多情况下,仅仅是一个工具罢了。②

如果要解释、预测上文中所提到的能源转型的性质和层次问题,就必须使用理论建构的方法,解释这种影响为什么会发生、是如何运作的、什么引起了什么,它们又是如何联系在一起的。并且,这样的研究需要进行大胆的假设和简化,把一些情况视作

---

① [美]肯尼斯·华尔兹著,信强译:《国际政治理论》,上海人民出版社2008年版,第5页。

② Timothy C. Lehmann, "The Geopolitics of Global Energy: The New Cost of Plenty," Lynne Rienner Publishers, 2017, pp. 1–23.

处于稳定状态的常量，专注于我们要研究的目标，而不能认为因为暂时没有考虑到某些因素的变化，就被认为是脱离现实和不准确的。

最后，这里尝试用符号化的方式，对本书的研究思路进行一下表述。

可再生能源地缘政治的研究，其实质是研究可再生能源（自变量）的地理和技术特征如何形成新的国际能源关系（因变量）。国际能源关系是一个复杂、动态的环境，要在这样一个环境中把相互关系分解成可区分和可管理的部分，并对各要素之间的关系进行简洁、清楚的描述，并不是一件很容易的事情。为了便于理解，这里将问题进行一些简化，用符号的方式将本书的思路表达出来。

如果把上文所描述的内容用符号来表示，即：

（1）已知，如果 A，那么 B 将以概率 P 变成 C，即 B（AP）= C；

（2）经过观察，D 发生后，得到了 E；

（3）请检验 B（DP'）/E 是否等于 1。如果等于 1，说明 B（AP）= C 仍然成立，如果不等于 1，说明可能出现了新的函数，即 D（X）。

按照这一过程，采取以下步骤：首先，通过对历史的挖掘，总结如果能源结构（A）发生变化，国际能源政治是如何变化的［即得出 B（AP）］；其次，观察当前的能源转型都有哪些迹象（D），都产生了哪些影响（E）；再次，按照此前总结的变化规律，检验 D 到 E 的过程是否遵循了 B（AP）；最后，如果没有，那么遵循了什么新的过程吗？这对我们有什么新的启发？

上面检验 B 的过程，假设国际政治格局是稳定的。现在再进一步，放松这一假设，加入新的变量 G，假设如果政治格局发生剧烈变化，G = g，否则 G = 1。现在我们将上面的函数改为：

（1）已知，如果 A，那么 B 将以概率 P 变成 C，即 B（AP）

$G = C$；

（2）经过观察，D 发生后，得到了 E；

（3）请检验 B（DP'）G/E 是否等于 1。如果结果等于 1，说明 B（X）仍然成立，如果不等于 1，说明可能出现了新的函数，即 D（X）。

这时的研究思路需要同时考虑技术和政治两方面影响。

需要指出，此处符号化表述为便于理解，并非采用定量研究。本书将主要采用定性研究方法。

# 第二章　国际能源政治的历史演进

人类生存和发展离不开能源，对能源的利用与争夺伴随人类社会发展的全过程。人类社会早在大约 100 万年前学会使用火，此后直到 18 世纪工业化之前的漫长时间里，主要使用木柴等有机燃料，使用人畜肌力和风、水作为动力来源，将化学能转化为动能的技术很不发达，煤炭等化石燃料占比极其微小。① 因为木材等有机燃料的产出高度依赖土地的位置、肥力和大小，因此不同族群、部落、王国、帝国之间可能为了获得燃料而展开争夺，支配剩余能源越多的部落或王国可能有更多机会发展起来。能源与权力的正相关关系越来越紧密，能源政治内容开始越来越丰富，地位越来越重要。工业化促成了能源的大规模利用和国家间转移，能源在国家实力构成中的地位更加明显，国家间围绕能源的竞合更趋频繁，现代意义上的国家间能源政治开始出现并不断深化。本书对能源历史的梳理，就从煤炭时代开始。

---

① ［美］阿尔弗雷德·克劳斯比：《人类能源史：危机与希望》，中国青年出版社 2000 年版，第 7 页；Vaclav Smil, "Energy Transitions: History, Requirements, Prospects," Praeger, 2010, pp. 2 – 3.

# 一、煤炭时代

很多文章引用据称是出自基辛格的一句名言："谁掌控了石油，谁就控制了所有国家"，但很少有人知道这句话并不完全是基辛格的首创，而是借鉴了另外一句名言："谁掌控了煤和钢，谁就将统治世界。"事实上，在更早之前的结构类似名言还有"谁控制了印度贸易，谁就将控制世界贸易，以及世界本身"或"谁控制了海洋，谁就将控制世界贸易，以及世界本身"等等。这里不去深究这些名言是否属实，只是想借此显示不同时期国际权力的来源变迁，煤和石油的兴衰，清晰地显示出能源转型的巨大政治影响。

18世纪工业革命爆发到20世纪60年代左右约二百年时间里，煤是欧洲最重要的工业能源来源。作为当时世界政治舞台的中心力量，美欧特别是欧洲大陆国家围绕煤炭已经初步展开政治博弈。遗憾的是，当今国际政治、国际关系学界对那一时期的煤炭国际政治关注不多，很少有专门研究。在20世纪初国际关系理论刚刚出现的时候，学者们都被欧洲精彩的国家间政治，以及国际政治理论的基本问题吸引了，很少有人做能源领域的专门研究。如果我们仔细回顾那一段时期，会发现有许多与石油政治不一样的地方。

大约从15—16世纪开始，欧洲的经济开始加速发展，城市和人口不断扩张，对作为主要能源和建筑材料的木材的消耗也惊人的扩大。但木材的产出受到收益递减规律的约束，很难扩大生产。到17世纪工业革命前夕，欧洲国家不同程度的面临木材供应短缺。据记载，1500—1630年，英国劈柴价格涨了7倍，部分地区木材成了奢侈品，甚至出现了"一般老百姓都不敢举火"的情况，冻死人的例子也不鲜见。1666年，伦敦遭遇大火，灾后重建所需木料竟然全部要依赖进口。因燃料价格上涨而苦不堪言的产业界和普通百姓也普遍感到不满。有英国历史学家指出,"木材的短缺在17世纪达到了引起民族危机的程度"。①

能源危机促使英国使用新的能源——煤炭。煤炭绝对生产规模容易持续扩大,单位成本更容易降低,使更多土地能够用于生产粮食等其他经济作物,支撑经济扩张。矿物经济下,经济产出量超过人口数量,人均实际收入大幅增加,产品生产超过了人口生产,平均收入上升,社会进步大大加快。这有点类似于经济上的货币供给问题,金、银及其他实物作为货币有利于市场保持稳定,但由于供给量有限,制约了经济规模扩张,直到银行和纸币出现,市场经济才开始爆发式增长。

促使英国使用煤炭的另一个原因是劳动力短缺。工业革命时期,英国劳动力短缺,工资水平较高,但煤炭资源丰富,燃料价格相对便宜。蒸汽机、焦炭冶铁技术等工业革命初期的技术均对煤炭有巨大消耗,且造价偏高。这些新式设备和技术在英国能够得到大规模应用,与英国燃料价格低廉、人力成本高昂有很大关系。这一时期煤对英国工业革命的作用至关重要。16世纪60年代英格兰、威尔士与苏格兰的煤产量为22.7万吨,到18世纪50年代增至523万吨,19世纪初提升至1504.5万吨,生产了占世界总量大约90%的煤炭,同期英国的竞争对手法国所生产的煤炭尚不足100万吨。② 这些数据充分显示英国如何经历了一场能源生产与消费的结构性变化。工业革命发生后,英国迅速从"有机经济"转向"矿物能源经济",经济增长的类型出现重大转变。③ 到19世纪,英国

---

① 王守谦:《工业革命:能源危机谱写的经济传奇》,《能源》(杂志),转自新浪网,http://finance.sina.com.cn/leadership/mroll/20110808/115910278481.shtml。

② [英]霍布斯鲍姆:《革命的年代(1789—1848)》,中信出版社2014年版,第53页。

③ 裴广强:《工业革命史煤炭问题研究中的三个维度》,《史学理论研究》2015年第2期,第84—94页。

政治跨入化石燃料时代，比欧洲大陆国家早了150年左右。①

其他欧洲大陆国家与英国的情形恰好相反，人力成本便宜而煤炭价格不菲，结果那些工业革命初期的重要发明难以得到有效推广。德国依靠鲁尔等地区出产的煤炭，支撑经济高速发展，也是其发动对外侵略战争的工业基础。法国煤炭储量只有英国的八分之一，品质也比较低，不得不依靠进口，制约了法国工业水平快速提升。工业化的迅速发展推动英国和德国成为欧洲领先国家，与美国一并成为全球工业强国。俄国早期煤炭产量较少，在欧洲的扩张和在亚洲的战争受到了煤炭供应不足的制约。俄国在日俄战争中败给日本，据说与军舰的煤炭品位不高有很大关系。

由于煤炭资源不足，欧洲曾多次爆发能源危机，煤炭的国家间调配是欧洲内部一项重要政治议题。② 德国鲁尔地区、萨尔地区，波兰西里西亚以及法国北部与比利时交界处是欧洲大陆主要煤矿产区，其他欧洲大陆国家煤炭资源匮乏，这些地区成为大国争夺的对象。二战后初期，波兰、乌克兰、罗马尼亚等东欧国家停止向西欧出口能源，加剧了西欧的能源危机。饱经炮火蹂躏的德国鲁尔矿区成为破解欧洲能源危机的关键，尽管各国担心德国再次崛起，但对能源的迫切需求仍然使各国特别是法国同意尽快恢复鲁尔煤矿生产。能源成为战后联邦德国迅速复兴的重要原因。对鲁尔区的处理，最终也促成了欧洲煤钢共同体，欧洲开始走向联合。

欧洲煤炭政治的另一个特殊性与内政密切相关。18世纪初到20世纪初，煤矿业需要大量采矿工人。彼时的欧洲正处在政治运动的高潮期，煤矿工人作为一支重要政治力量，经常掀起大罢工，直接导致整个欧洲的能源供应紧张。1926年英国百万煤矿工人大

---

① 潘荣成：《近代早期英国能源转型及其启示》，《理论月刊》2016年第2期，第177—182页。

② Walter H. Voskuil, "Coal and Political Power in Europe," Economic Geography, Vol. 18, No. 3, July 1942, pp. 247–258.

罢工，直接引发了当时的欧洲能源危机。劳动力不足也是导致欧洲能源危机的重要原因，二战后法国和比利时曾大量征用德国战俘恢复煤矿生产，其中仅法国就征用了 80 万德国战俘。而今天的石油行业用工数量要远远小于煤炭行业，能源危机一般都是国际性的，已经很少因为内政问题引发国际性的能源危机。

## 二、石油政治

据记载，人类早在 6000 年前就已经开始利用自涌的油气资源。在数十个世纪时间里，石油制品被用来防水、防腐、治病等，也在冷兵器时代被用作火源，但没有大规模工业应用。19 世纪中期开始，灯油成为石油制品的主要用途，石油开始进入到较大规模开采阶段，但还不是战略性资源。1859 年，美国打出世界第一口商业油井，标志着现代石油工业的开端。19 世纪后期，汽油、柴油内燃机相继发明，石油在交通运输中的作用迅速凸显，汽车工业又带动了石油工业，石油开始进入到大规模商业开采阶段。到一战前，欧洲和北美的军用和民用装备都已经开始大规模转向内燃机提供动力，石油与军事实力、经济发展紧密联系起来。①

两次世界大战充分证明了石油的战略价值。两次世界大战期间，煤炭仍在全球能源结构中占据主导地位，石油虽然是重要的原材料，但在交通运输领域之外，尚不是主要动力或热力来源。如果不是因为战争，主要国家对石油资源的争夺可能要来的更晚一些。一战前，英国将军舰的主要燃料从煤炭改为石油。德国对自身煤炭和钢铁生产过于自信，在能源转换上不如英国激进。战争后期的发

---

① ［美］阿尔弗雷德·克劳斯比：《人类能源史：危机与希望》，中国青年出版社 2000 年版，第 109—126 页。

展表明，石油短缺使德国军事扩张陷于被动，协约国在美国的燃料供应下，相对德军迅速占据优势。二战中，德国和日本缺少石油供给，德国进攻苏联、日本开辟太平洋战场，都被认为与缺油有直接关系。燃料不足直接限制了德日军事扩张计划，甚至连自持都出现困难。同盟国中美国自身石油供给充足，英国掌握着中东的石油资源，相对轴心国仍有明显优势。

二战后，美、苏两大阵营之间以及西方内部继续围绕世界石油资源展开直接争夺。罗马尼亚、阿塞拜疆、波兰等欧洲传统产油区被划入东方阵营，西欧大规模重建所需的能源主要依靠快速恢复德国煤炭生产，以及从中东进口石油。但苏联通过里海、中亚、阿富汗对中东形成巨大的战略压力，西欧非常担心苏联向伊朗等地区的扩张扼住自己的能源命脉，需要加强西方阵营在中东的战略实力。美国在二战即将结束前决定大举进入中东，一方面是争夺中东石油资源，另一方面则是顶住来自苏联的战略压力。[1] 1945 年，罗斯福同沙特国王阿卜杜拉会面，要求取得沙特东部省份油田的独家开采权，回报是美国负责保护沙特王室的安全。为此，美军在沙特修建了军事基地，由此大举进入到中东地区，成为波斯湾的长期存在。但美国此举却引发了同英国在中东的地盘争夺，雅尔塔会议后丘吉尔也紧急会见沙特国王，希望能抗衡美国的进入，保留帝国的传统势力。最终虽然英国极力抵抗，但无奈国力下滑，只能看着美国石油公司突破此前划定的势力范围，大规模进入中东。后来英国又失去了重要的通道——苏伊士运河，标志着帝国彻底衰落了。

整体看，这一时期列强关于石油资源的争夺具有明显的早期特性。第一，主要出于政治和军事目的争夺石油资源。如前所述，这一时期煤炭是主导能源，出于生产性目的争夺世界石油资源的动机

---

[1] ［美］斯蒂文·佩尔蒂埃著，陈葵等译：《美国的石油战争》，石油工业出版社 2008 年版，第 20 页。

并不十分强烈。第二,争夺的手段非常直接,经常是残酷的军事对垒。一战中德国和英国为争夺阿塞拜疆的巴库油田展开直接军事冲突,二战中日本为获得东南亚地区石油资源同当地的法、英、荷等殖民者展开军事争夺。第三,政府是主要行为体,英国、荷兰、美国在中东的扩张尽管是以石油公司的名义进行,但背后更多是政府的授意。英国一战前依靠控制英波石油公司进入伊朗,但背后完全是政府人员操盘,并以保护公司的名义向中东大量派驻军队。第四,全球性的石油贸易尚未形成,世界石油市场仍是割裂的,石油贸易主要是宗主国与殖民地之间的内部贸易,石油生产、消费等市场联动机制还非常原始。① 第五,国际能源市场存在严重垄断,西方七大石油公司控制全球约60%—70%的石油生产和定价,带有明显的殖民主义色彩。

## 三、两次危机

列强早期争夺形成的国际能源政治格局,越来越多地受到殖民地国家独立浪潮、资源民族主义、自由资本主义,以及经济全球化发展的冲击,逐渐与时代发展不相适应。20世纪60年代,石油取代煤炭成为全球主导能源,石油需求大幅增加,奠定了此后国际能源政治的基础。1973—1974年、1979—1980年全球接连出现两次重大石油危机,国际能源政治早期格局彻底瓦解,形成现今我们所见到的国际能源政治。这一时期的国际能源政治呈现出比以往任何一个历史时期都更令人难以把握的复杂性,世界范围内的力量结构重新组合,战争与和平、冲突与合作等多种手段并用。其主要特点

---

① [瑞]博·黑恩贝克著,俞大畏等译:《石油与安全》,商务印书馆1976年版,第10—33页。

包括以下几个方面：

第一，世界石油竞争性市场逐步形成，油价波动成为牵动世界政治、经济发展的重要因素，石油政治和经济问题纠缠在一起。石油危机之前，国际石油生产和定价主要被西方大石油公司垄断，长期在低位稳定运行，较少出现大幅波动。石油危机后，国际油价短暂进入产油国定价时代。第一次石油危机期间，国际油价从1970年的1美元左右飙升至12美元左右；第二次石油危机期间，国际油价从13美元左右飙升至34美元左右。从80年代开始，西方国家通过建立期货市场等制度，再次打破产油国定价模式，世界石油竞争性市场形成。随着世界金融市场的发展，石油市场逐步成为金融市场的一部分，油价波动更为频繁。按年内价格计算，1988—2019年出现过8次跌幅超过20%的暴跌，11次超20%的暴涨，波动区间最大超过100美元（2008年）。[1] 油价大起大落严重冲击世界经济稳定，20世纪80年代，美国经济曾因高油价陷入滞胀，西欧和日本经济也受到严重冲击。低油价对产油国极为不利，2014年开始的油价低迷进程，限制了俄罗斯等产油国内政外交空间。

第二，能源权力的内涵进一步调整，定价权、计价权等市场性权力的作用更加凸显。传统上，能源权主要体现在对能源的直接占有，间接产生定价权，对能源的争夺多数情况下就是对能源产区和能源通道的地缘争夺。石油危机后，中东等地区产油国从西方国家手中夺回本国石油资源支配权，西方国家开始通过掌握定价权和计价权的方式，反过来间接控制世界能源分配。70年代，美国同沙特达成"不可动摇协议"，规定继续使用美元作为石油计价货币，其他主要产油国也接受使用美元计价，美元得以成为世界能源市场100%计价货币，也维护了美元的国际货币地位。[2]

---

[1] 关于油价的数据均引自美国能源信息署（EIA），http：//www.eia.gov。
[2] 管清友：《石油的逻辑》，清华大学出版社2010年版，第85页。

由于石油危机后西方国家提升能源使用效率、扩大国内开采、寻找替代能源，国际原油市场出现供大于求的局面，国际油价持续下跌。为规避风险，炼油商开始从价格固定的长期合同转向现货交易市场，石油输出国组织（OPEC，简称"欧佩克"）也逐渐采用长期合同价格与现货市场价格挂钩的方式进行定价。期货交易的兴起给期货市场发达的西方国家提供了夺回能源定价权的机会。20世纪70年代后期，英国发出第一份布伦特（Brent）远期合约；1982年，美国纽约商品交易所（NYMEX）发出第一份西得克萨斯（WTI）期货合约，英美两大期货交易中心迅速成为全球原油价格预期的标杆，也成为了全球原油市场甚至是世界经济的风向标和晴雨表。由此，西方主要能源消费国通过计价权和定价权（货币结算权），重新在石油权力的争夺中占得上风。但需要指出的是，美英两国的期货市场交易地本身也是石油的重要产出地，获得定价权不仅仅依靠两国的政治、经济实力，能源生产本身也是关键因素。今天很多国家也想通过期货市场影响世界石油价格，但要么缺少石油生产能力，要么缺少相匹配的政治经济实力，都没有能够成功。

第三，国际能源竞争总体更加温和，市场竞争成为主要手段。石油危机后，经合组织（OECD）国家组建国际能源署（IEA），通过获得能源定价权、建立战略石油储备，而不是占领油田的方式抑制国际石油市场波动，确保自身能源安全；OPEC通过限定市场份额或油价，而不是禁运的方式来确保自身利益最大化。其他能源消费国主要通过战略性投资、贸易谈判等方式获得长期能源供应合同，实现稳定供应。美国在中东的军事行动有很大争议性，有许多战略家认为美国的行动主要为把控地缘要地，而非直接获得石油资源。事实上，即使承认美军事行动是为获取石油资源的观点，也认为美国的行为方式发生了变化，即美国并不直接通过军事手段从中东获取石油，而是通过控制中东、稳定世界石油市场的方式，间接获得廉价、稳定的石油供给,这要比直接夺取石油资源温和得多。①

第四,能源安全的威胁源更加多元,恐怖主义、政治动荡等成为主要问题。石油危机以来,尽管能源安全是各个国家在制定战略时首先要考虑的问题,但却很少有哪个主要国家真正出现过持续的能源短缺。竞争性市场的形成,石油储备的不断完善,能源通道的持续建设,使得主要国家应对能源危机的能力大大强化,出现全球性能源危机的概率已经变得非常低。冷战后恐怖主义在中东、北非、阿富汗、南亚、东南亚等地区迅速抬头,政治动荡在拉美、非洲、中亚地区不断上演,成为影响地区产油国向世界市场稳定输出石油的主要潜在威胁,但这种影响主要体现在油价上,并未给大国造成实质性的石油短缺,有些甚至都未能对国际油价造成实质性影响。比如,2010—2011 年西亚北非局势动荡席卷阿拉伯世界,利比亚产油量从 160 万桶跌至不足 1 万桶,伊拉克国内政治局势持续紧张,虽然导致 2011 年国际平均油价达到 111 美元的历史高位,却并未实质性冲击全球石油供应。② 2019—2020 年,美国同伊朗、委内瑞拉的紧张关系导致这两个石油国家的出口几乎"归零",也没有对国际油价造成重大冲击。

第五,环保等全球性议题升温,化石能源面临全新的挑战。20 世纪 70 年代,西方社会开始关注可持续发展问题,加之能源危机推动西方加快能效和替代能源技术开发,资源和环境问题迅速进入能源政治领域。与此同时,全球治理理念也在欧洲兴起,能源治理成为全球治理的一个重要领域。自此,国际能源政治互动不仅要关注能源安全议题,还要关注由于能源问题引发的其他政治问题。减

---

① [法] 菲利普·洛佩兹:《石油地缘政治》,社会科学文献出版社 2000 年版,第 56 页。
② 英国石油公司:《世界能源统计年鉴(2011)》,https://www.bp.com/zh_cn/china/home/news/reports.html。

排的责任要求主要国家在能源安全、经济安全与环境安全之间艰难做出平衡。

## 四、未来格局

国际金融危机以来，随着国际格局加速调整，国际能源格局作为其中一个重要领域也在不断积聚转型重塑的力量。国际能源格局如何转型至关重要，或将由此推动自身实现近半个世纪以来最显著的变革。

目前看，国际能源市场格局深刻调整主要表现为三个多元化趋势：一是能源结构更趋多元。以页岩油气为代表的非常规能源迅猛发展，成为全球新增化石能源供给的主力。目前，非常规石油储量与常规石油基本相当，非常规天然气储量则是常规天然气的8倍有余。[1] 与此同时，新能源开发利用技术也日臻成熟，便利性逐渐提升，成本迅速下降，成为新增能源供给中的主力。预计到21世纪30年代，风电和光伏可能成为多数国家最便宜的发电方式。二是能源供需的地缘结构更趋多元。北美在全球能源供给中的地位大幅抬升，2008—2018年美国原油日产量已经翻了一番。[2] 新兴经济体能源需求增长迅猛，发达国家需求增长则逐渐见顶，市场新格局日渐清晰。据统计，1998年以来全球97%的新增能源来自新兴经济体，目前非经合组织国家能源消费已超过经合组织，到2040年还

---

[1] 韩立群：《国际能源格局转型重塑进入关键期》，《瞭望》2017年5月第19期，第64页。
[2] 英国石油公司：《世界能源统计年鉴（2018）》，https://www.bp.com/zh_cn/china/home/news/reports.html。

可能超过七成。① 这些因素共同导致国际能源供给重心"西移"，需求重心"东移"。三是能源定价结构更趋多元。石油和天然气区域分割的定价方式或被打破，能源金融在能源定价中发挥主导作用的趋势愈加明显，整体将削弱传统能源生产中心的议价能力。

在此背景下，各主要能源大国正加紧调整自身能源政策，"转向"与"坚守"是两大主基调：一是美国在特朗普时期转向保守，特朗普政府推出能源新政，其主基调是鼓励传统化石能源开发、削弱能源补贴，在气候变化问题上态度消极。拜登上台后美国回归积极的能源气候政策，但国内仍存在激烈争论。2021年底，美国西弗吉尼亚州民主党参议员乔·曼钦表示将反对拜登的社会支出与气候变化框架计划。曼钦手握参议院关键一票，他的反对给拜登的绿色转型计划制造了很大麻烦，也充分凸显当前美国内反对能源转型的力量仍很强大。二是沙特积极推动经济结构转型，提出"2030年愿景计划"，其主要目的是尽早摆脱对石油经济的依赖，提升经济结构多元化和可持续发展水平。三是俄罗斯近年来不断修订其能源安全战略，坚持"两手抓"，既调整经济结构降低对能源的依赖，又在强化自身在全球特别是在欧洲的油气话语权。四是主要发达经济体特别是欧盟坚持清洁能源计划，加强区域能源一体化建设，希望尽早摆脱对外能源依赖。五是一些新兴经济体如巴西、印度等国则希望加大能源开发，力争为经济增长增添新动力。

主要能源治理机构也在加紧转型，总体方向是扩大职能和代表性，一些有代表性的新平台逐渐成熟。从传统组织机构来看，国际能源署加紧吸纳中国、印度等新兴能源消费大国成为"积极联系国"，甚至为吸纳中国加入而降低门槛。同时，将关注议题从传统能源扩大到新能源技术，推动自身从发达国家的能源俱乐部加速向

---

① 英国石油公司：《世界能源统计年鉴（2016）》，https://www.bp.com/zh_cn/china/home/news/reports.html。

国际能源署、世界能源组织转型。2015年5月，75个国家通过了新的《国际能源宪章》，推动这个1994年签署的条约走出欧洲，从传统能源贸易和投资议题，扩大到能源减贫等发展问题上。从新型机制看，二十国集团（G20）成为新的能源治理平台，其代表性为传统机构所不能及，近三年来已经开始发挥重要作用，引起各方高度重视。而金砖国家、上合组织也积极参与全球和地区性能源治理问题，不少合作机制已建立起来，前景看好。

# 第三章 国际能源政治的结构特点

对于国际能源政治中纷繁复杂的各种现象，可以有各种不同的解释。人们经常自觉或不自觉地将各种现象的原因归结于某一主题或主体，可能是大国竞争、地缘政治、市场竞争，也可能是主权国家、金融资本、国际机构，甚至是某些具体的资本集团或是政治集团。这种解释的优点是理论结合现实、易于理解，缺点是科学性不足，没有廓清解释问题的层次。我们认为世界是客观的，国际能源政治的运行应该是由客观世界的规律，而不是参与政治的主体决定的。各类主体的差异性导致能源政治丰富多彩，但其行为规律内在一致。这个规律集中反映在能源政治的结构上，包括驱动机制、互动单元、政治结构、主要变量四个方面。不管是什么主体参与能源政治，都要在这个结构的约束下开展活动。

## 一、驱动机制

对比不同发展阶段可以发现，化石能源的特殊属性是驱动国际能源政治运行的主要动力，包括依赖性、稀缺性、地缘性、垄断性和外部性五大特征。

（一）现代社会对化石能源有高度依赖性

化石能源是工业化社会的基本动力和主要原材料来源，在一定技术条件约束下，化石能源具有不可替代性。同时，生产效率决定了能源结构变迁只能向更高效的能源种类发展，而不能向后倒退。20世纪初，英国煤炭消费占全部能源消费的95%，几乎所有规模工业生产都直接或间接使用蒸汽机作为动力，生产效率相对木材大幅提升，煤炭供应中断将导致整个英国经济陷入停滞。20世纪20年代开始石油消费快速增长，到70年代占世界能源消费的40%，生产效率进一步提升，城市化大规模发展，人类社会已经演变为"碳化氢社会"。还没有哪一种资源对经济的影响比石油还大。根据国际货币基金组织测算，油价每上涨5美元，拉低全球产出0.3个百分点。经合组织统计，油价每上涨0.5个百分点，全球产出下降0.25个百分点。① 确保化石能源供应，是维持社会运转的基本前提。

（二）化石能源具有稀缺性和地缘性

石油和天然气储量是有限的，地理上是集中的，化石能源具有明显的稀缺性和地缘性特征。化石能源在全球的生产与消费并不均衡，但又要在全球进行分配。北美、亚太和西欧是世界三大主要石油消费区，占全球石油消费量的80%，但探明储量仅占世界的22%；欧佩克自身石油消费量不到10%，但探明储量占全球三分之二强。虽然现阶段技术进步推动探明储量不断增加，但最终仍会

---

① 《高油价将降低世界经济增速》，人民网，http://www.people.com.cn/GB/jingji/1037/2897986.html。

耗尽，且存在巨大不确定性。特别是探明储量与开采成本直接相关，当油价过低时，可开采的探明储量急剧下降。2020年初，国际油价巨幅震荡，美国页岩油气先锋切萨皮克等部分油气公司相继宣布破产。

世界化石能源形成明显的生产与消费二元格局，不平衡的地理分布造成了净出口国和净进口国之间的明显分离，出口国借此建立寡头垄断市场，俄罗斯和欧佩克等油气出口国拥有相当大的市场力量，并试图保持价格上涨。能源消费国则在市场上遵循来源、产地和路线多样化的政策，以确保获得市场上廉价的能源。消费国也相互抱团，形成互助组织，应对来自产油国的供给垄断。同时，海上能源通道和陆上管道对主要能源消费国确保稳定供应发挥着关键作用，战略储备也至关重要，可以被用来应对临时能源供应中断所产生的不利影响。

## （三）化石能源生产流通具有垄断性

国际石油市场具有垄断与半垄断的属性。从1859年第一口商业化油井在美国宾夕法尼亚州开始生产以来，世界石油行业（主要是美国石油市场）在经历了短暂的竞争之后马上被洛克菲勒集团的标准石油公司所垄断。1911年，美国根据1890年《谢尔曼反托拉斯法》拆分了标准石油公司，但没过几年就形成了由西方七大石油公司组成的"七姐妹"市场垄断。自1971年起，由13个石油输出国组成的欧佩克代替了"七姐妹"，对全球石油供应实行了寡头集团垄断。20世纪80年代，这一寡头集团垄断被西方通过期货市场大幅削弱。[①] 但作为全球大宗商品市场唯一的卡特尔组织，欧佩克仍对国际石油市场发挥关键调节作用。今天，欧佩克占

---

① 管清友：《石油的逻辑》，清华大学出版社2010年版，第50页。

全球石油产量的40%和贸易量的60%，它为应对油价暴涨或暴跌所采取的集体减产或增产计划可对国际油价预期产生重要影响。

（四）化石能源有明显的负外部性

除一般认识上的环保、腐败、垄断等问题外，化石能源在政治上对一些国家也有明显的负面作用。尽管中东石油资源支撑世界的发展，但这一地区本身在全球化进程中被边缘化了。其国内社会政治建设也停滞不前，伊拉克、叙利亚陷入战乱，伊朗长期受到美国制裁。其他主要产油国中，中亚、里海地区长期受地区性矛盾所困，委内瑞拉受到美国制裁，尼日利亚、安哥拉等国发展缓慢，墨西哥和加拿大实际上受到美国的约束，俄罗斯看起来有自主性，但战略空间长期面临外部挤压。除俄罗斯和美国外，其他主要能源生产国家都是小国。

能源并没有给这些产油国家带来与其能源地位完全相称的好处。沙特的国际政治地位与其在能源领域的地位完全不相称，其需要美国的军事和政治保护。在2019年的沙特油田遇袭案中，沙特最终不了了之，充分显现其羸弱的一面。俄罗斯的国际地位也不是石油带来的。虽然有些国家可能因为缺少石油供应出现危机，却还没有哪个国家是因为石油储量丰富成为强国的。美国的强盛并不完全是能源带来的，如果没有科技、人才、地缘等一系列优势，美国很可能分裂，得克萨斯等产油区很可能沦落到类似今天委内瑞拉的境地。许多问题既要从这些国家内部找原因，也要从全球找原因。内部看，石油容易让这些国家得上"能源病"，或称"荷兰病"，国内经济社会政治改革推进不前；外部看，石油的重要战略意义，使得这些产油国被多方干涉，很难实现自主发展，随时可能被大国牺牲。成也石油，败也石油，许多国家深陷"资源诅咒"。

## 二、互动单元

一般习惯于按照能源生产国、消费国和过境国来区分参与国际能源政治的基本单元,然后再根据所讨论的问题加入其他单元。

### (一) 能源出口国

主要指那些能实现能源净出口,具有一定能源话语权的国家。英国19世纪初煤炭产量达到全球的三分之二,作为当时世界煤炭的主要供应国,是最早的现代意义上的能源出口国。19世纪50年代后期开始,德国煤炭出口成为英国在欧洲的有力竞争对手,到1913年已经与英国相当。美国自20世纪初大规模增加煤炭生产,到1910年煤炭产量几乎等于英德之和。[①] 一战后全球石油消费增加,一直到20世纪50年代,美国都是世界主要石油生产国和出口国,被称为世界石油的"墨西哥湾时代",同期的主要生产国还包括伊朗、沙俄(巴库)、罗马尼亚等。沙特石油大规模开采是从20世纪40年代才开始的,由于西方石油公司垄断,包括沙特在内的非西方产油国的国际影响力与其石油储备完全不相称。直到70年代石油危机后,欧佩克国家才成为有实质影响力的产油国。但欧佩克的影响力在经历20世纪七八十年代的辉煌时期后,80年代后期开始下行。苏联解体后,俄罗斯借助其庞大油气储备取得相当的话语权。21世纪以来,随着美国页岩油气产出增加,又重新成为石油净出口国。按时间顺序,世界主要能源出口国是英国

---

① [美]卡罗·A. 达哈尔著,丁晖等译:《国际能源市场:价格、政策与利润》,石油工业出版社2008年版,第36—37页。

（煤炭）→英国、德国、美国（煤炭）→美国（石油）→欧佩克国家、美国（油气）→欧佩克国家、美国、俄罗斯（油气）。有些国家尽管能源产量和出口量很大，但话语权较少，属于市场意义上的主要出口国，比如加拿大。

（二）能源消费国

主要指那些能源消费依赖进口，对能源安全比较敏感的国家。工业革命前，木材是主要的燃料，许多国家因为国内产量不足而大量进口木材。但因为木材也是大型建筑和舰船的重要材料，导致木材消耗量极大。欧洲木材贸易曾经十分繁荣，英国曾是主要进口国。[①] 工业革命后，欧洲大陆国家中煤炭产量不足或质量不高的法国、意大利、俄国等国都是煤炭进口国，对英国和德国煤炭出口依赖较高。世界其他国家中，除美国、日本外，多数尚未进入工业时代，对煤炭的需求不高。20世纪初内燃机发明后，欧洲除波兰、罗马尼亚等少数国家外，多数国家迅速成为世界主要能源消费国，这种状况一直持续到20世纪70年代前后。此后，随着世界政治经济形势的进一步变化，特别是大量新兴和发展中国家经济开始起飞，迅速成为新的主要能源消费国。目前，主要能源进口国包括欧盟国家、中国、日本等，美国能源对外依赖虽然在降低，但其是世界头号能源消费国，作为主要能源生产国和消费国同时影响国际能源政治。

（三）能源过境国

主要指那些地处能源通道的国家和地区，往往也成为各方争夺

---

① 潘荣成：《近代早期英国能源转型及其启示》，《理论月刊》2016年第2期。

的对象,自身有时也能获得一定话语权。能源过境国主要是世界能源贸易进入油气时代后的产物,往往跟世界主要能源通道联系在一起。从历史上看,现代意义上最早的过境国/能源通道应该是巴库—巴统铁路,这条铁路把里海地区的石油资源引向欧洲大陆,威胁到美国石油公司在欧洲的利益。另一条重要通道是柏林—巴格达铁路,德国希望通过这条洲际铁路,把手伸向中东,同时得到伊朗的石油,英德曾围绕这条铁路展开激烈较量。在同一时期,苏伊士运河和马六甲海峡也成为重要通道,伊朗石油通过马六甲海峡运至新加坡的时间要比美国石油快得多,美国标准石油公司为获得亚洲市场,不得不同荷兰壳牌合作在苏门答腊岛开采石油。目前,影响力比较大的过境国/能源通道包括霍尔木兹海峡、马六甲海峡、苏伊士运河。中缅油气管道建设运营,缅甸成为中国油气资源的重要过境国。美国虽然不是主要过境国,但其军事部署直接覆盖马六甲海峡、地中海、波斯湾、苏伊士运河,对这些通道的安全有直接影响,也可以发挥政治过境国的作用。

## (四)发达国家、新兴和发展中国家

在 20 世纪 80 年代之前,没有太大必要区分能源消费国和发达国家,因为两者基本重叠。但随着新兴和发展中国家能源消费大幅攀升,世界能源消费结构发生了重要变化,这些国家逐渐成为新增能源消费的主力,发达国家能源消费在接近峰值后增速明显下滑,甚至出现减少。这就有必要对能源消费国中的发达国家和发展中国家进行区分,因为两者的利益明显不同。在能源安全问题上,双方有共同利益,都希望维持世界能源市场稳定。但维护安全的方式和水平有所不同,国际能源署完全由发达国家组成,其设定能源储备门槛并进行协调,美国则直接控制重要能源通道,并可以影响中东产油国;发展中国家无法进入这个俱乐部,多数情况下只能被动应对世界能源市场波动，能源安全条件要脆弱得多。在环境安全问题上，双方产生了比较大的分歧，发达国家希望一视同仁推进减排，但发展中国家强调排放的历史责任和发展权，并需要得到发达国家的技术和资金援助，双方在这一问题上争论不休。此外，能源生产的负面影响也多数被发展中国家承担，除美国外，多数能源生产国同时是新兴和发展中国家，长期依赖能源使其整体经济结构活力严重不足，国家财政严重依赖油气产出，容易产生政治动荡，发达国家在攫取资源时并不关心如何解决这些发展性问题。

（五）国际能源组织

在欧洲煤炭贸易兴起后，广义性质上的国际能源组织就已经出现了。20世纪初，欧洲成立煤炭协会，其主要职能是协调欧洲的煤炭市场。石油贸易兴起后，早期阶段也出现过一些协调势力范围的协定或组织，一战后英法签订协议，划分在中东的势力范围，二战前美英就中东势力范围敲定协议，美国公司不能越过英国的红线，这些组织都比较简单。20世纪60年代，石油生产国中的发展中国家成立欧佩克，希望增加在世界石油市场上的话语权，70年代石油危机后欧佩克获得重大影响力，发达国家随之成立国际能源署，用于统筹协调发达国家的石油资源，应对市场波动。这些组织都是排外性的，欧佩克排斥消费国，国际能源署排斥欧佩克。一直到21世纪后，围绕清洁能源等才出现了更具包容性的国际能源组织，当前全球清洁能源治理的政府间机构主要是国际可再生能源大会（IRECS）、国际可再生能源机构（IRENA）、全球清洁能源部长级会议（CEM）等。非政府间机构包括21世纪全球可再生能源政策网络（REN21）、清洁能源国家联盟（CESA）、全球能源可持续发展网络（GNESD）等。但在协调力上，这些包容性组织明显不如上述排外性组织。

## （六）能源市场中介

到目前为止，本书讨论的能源政治主体都是国家。但无论国家间能源关系如何发展，能源从一个地区转移到另一个地区，转移的方式、价格、时间等，都是需要中介来实现的。这种中介主要是能源公司，特别是大型能源公司，它们是世界能源体系形成发展的先驱和催化剂，也是许多麻烦的制造者。美国成为世界石油大国，主要依赖私人石油企业的繁荣发展；中东石油业的崛起，是西方私人资本扩张的结果；一战后西方石油公司开始垄断世界石油产业，并不完全是西方国家内部协调的产物，反而很多是企业推动下的结果；二战后石油生产国奋起抗争，与其说是与西方国家争夺话语权，还不如说是同西方大公司进行博弈；20世纪80年代后世界石油价格逐渐靠期货形成，到90年代后金融性又不断增强，导致国家在石油价格形成中的作用越来越弱；在当前的全球减排工作中，大型油气公司成为一支非常显眼的阻碍力量，有许多观点认为美国之所以在气候问题上立场消极，与其国内油气集团游说有直接关系。总体看，在国际能源体系中大型跨国公司、能源资本发挥的作用并不一定比国家小，有时甚至是真正的主体。

## （七）非政府组织以及研究机构

从能源领域看，非政府组织在很多情况下发挥着国家间能源关系的"破坏者"作用。当前著名的非政府组织是国际性的绿色和平组织，其将绿色环保视为一种信仰，对任何破坏环境的行为零容忍。20世纪90年代，美国埃克森美孚石油公司在阿拉斯加王子湾发生重大漏油事件，此后埃克森和绿色和平组织进行了长达20年的对抗。① 目前，许多国家都成立了反核电组织、反水电组织，甚至反风电组织，有些是国际性的。欧洲的反核组织同绿党结合起来，要求欧洲尽早全面退出核电。美国的反风电组织认为风电机产生噪音和辐射污染，伤害美国的国鸟——白头雕，要求拆除风电场。反水电组织在全球活动，越是不发达地区，它们越活跃。在全球能源结构转型进程中，这些环保组织毫不顾忌的行动有时候可能会打乱既有的技术路线，是重要外部干扰源。一些能源研究机构看起来是中立的，但实际上多数被利益集团掌控。目前，世界主要能源研究机构分裂为两派，一派支持化石能源，一派支持可再生能源，它们各为其主，相互攻击，导致普通民众难以看清能源发展的方向。

## 三、基本结构

这里借鉴国际政治理论的一些研究方法，抽象出国际能源政治的内部结构，更好地研究当其中某一部分发生变化时对整体的影响。

（一）国际能源政治结构的基本原则

能源领域的无政府状态比其他任何领域都要更现实，能源安全的威胁持续存在，任何国家都不要指望可能会有一个多边、包容性的国际机制来帮助其解决能源安全问题，必须通过各种手段来自助地解决。油价波动与能源安全直接相关，暴涨暴跌都不利

---

① ［美］史蒂夫·科尔著，杨蝉宇译：《石油即政治》，文汇出版社2017年版，第1—27页。

于一国稳定能源供给，但能源价格是通过世界能源市场形成的，各国根据自己的能力大小来应对能源价格波动，可以单独行动，也可以联合别的国家一起来影响价格，推动价格走向舒适区域，但是不存在一个超国家的机构或组织来发布价格。存在像欧佩克、国际能源署这样的国际性组织，但它们高度排外，其建立的初衷是通过自我联合、制造垄断的方式来增强实力，恰恰是无政府状态下的表现。

2021年以来，世界能源价格持续上涨，油价在10月份突破七年新高，给疫情后复苏的世界经济造成明显冲击。美欧希望欧佩克能够增加供给，减缓能源供需矛盾，稳定能源价格。欧佩克从自身安全角度出发，认为贸然增加产出，可能会在接下来的能源需求放缓后处于被动，坚持按原计划稳步增产。无奈之下，美欧只能自救。2021年11月，美国协调欧盟、日本、印度及中国，各自释放战略石油储备，以抑制不断上涨的国际油价。2021年11月23日，美国宣布释放5000万桶石油储备，紧接着日本、印度也宣布将启动相应计划。这次事件，很好地诠释了世界石油政治的无政府状态。

国际能源政治存在"均势"现象吗？答案可能是复杂的。一战期间，协约国在能源上相比同盟国有明显优势；二战期间，同盟国在能源上相比轴心国有压倒性优势。美苏冷战期间，双方在能源领域势均力敌，同其他许多领域一起组成了美苏均势局面。但如果扩展一下，从生产国和消费国、发达国家和发展中国家的角度来看，那么过去160多年来，消费国在大部分时间里占据主导地位，生产国只是在石油危机后不到20年时间里曾掌握相对主动，发达国家相比发展中国家一直具有压倒性优势，双方根本不在同一个级别上进行竞争。

在无政府状态下，国际能源政治如何保持稳定？目前主要是通过能源供给与需求来决定的。从世界范围来看，进入20世纪后，国际能源供给和需求总体稳定，没有引发世界性的能源战争。但部分国家因为能源供给不足而发起战争，更多是单元的个体行为，而不是系统性的。两次石油危机之所以出现，主要是因为当时的能源供给突然大幅下滑，而这种供给下滑的主要原因是西方长期垄断市场，过低的能源价格不能反映市场实际情况，市场严重不健全。1998年亚洲金融危机、2008年国际金融危机中国际油价都出现了大幅震荡，也与需求变动直接相关。在2019年的美伊关系紧张时，国际油价并未大幅震荡，关键是美国协调各方提前进行了市场布局。因此，只要供需稳定，总体就是稳定的。但这并不意味着结构中单元的能源安全问题得到了解决，它仍然需要通过各种自助手段来确保能源安全，国际能源政治才能持续不断进行互动。

## （二）国际能源政治结构的基本安排

国际能源政治结构中，各个单元之间依靠功能进行分工，但单元的能力不同，存在明显的等级特色。一般意义上的国际能源政治单元包括能源生产国、过境国和消费国，还有在其中扮演中介作用的跨国石油公司、能源交易市场，填补国家空白的非政府组织，在局部领域发挥协调作用的诸边性组织等。本书认为，发达国家和发展中国家针对能源问题在一些国际政治的基本领域展开互动，也是一对重要的互动单元，生产国、过境国和消费国中各自包含发达国家和发展中国家。尽管整体结构处于无政府状态，但某些单元在某些领域相当于扮演了管理协调者角色，这些单元可以占据更多资源，在安全上享有更多余地。

20世纪中期之前的漫长时间里，许多能源贸易是在殖民体系内部进行的，宗主国占有绝对优势。英国、美国、荷兰、法国等资本主义国家利用宗主国或资本优势垄断世界能源生产，英国又在这些国家中占据更大主动。二战后，国际权力向美国转移，美国利用其在军事、地缘、金融等领域的优势，牢牢占据等级的顶端。消费石油需要消耗大量资金，美国大量购买加拿大、墨西哥和沙特的石油，这些国家又把从能源贸易中赚取的美元投向美国，形成一个封闭的资金链。1991年第一次海湾战争后，美国同沙特签订武器购买合同，把在战争和石油进口中用掉的资金通过售武赚回来。[①]

能源消费国中的其他国家应对能源价格波动的能力远逊于美国，在国际能源署针对石油市场开展联合行动时，主要是美国在进行协调。欧洲国家试图削弱美国能源霸权的做法很容易遭到后者报复，在最近的俄欧北溪管道建设中，美国对欧洲进行了粗暴干涉。中国等新兴和发展中国家能源消费高速增长，但到目前为止对国际油气价格的影响力仍十分有限。当我们研究不同单元之间的互动时，首要看在哪个层次上进行互动。

### （三）国际能源政治互动的基本内容

国际能源政治互动的核心是包括资源权、通道权、市场权、发展权在内的权力，既可以是目的，也可以是手段。为应对持续存在的能源安全威胁，作为国家的互动单元需要尽可能多的争夺这些权力。为影响其他国家，扩大自身影响，亦需要掌握能源战略筹码。这些权力的重要性并不是一成不变的，随着国际能源政治的发展，有些形式更加重要，有些则显得落后于时代。在能源争夺的早期，主要国家继承了它们在殖民地时期的做法，希望更多直接占有资源，并将这些资源运回国内，大石油公司竭力获得开采权，资源权和通道权是最重要的权力。二战后，石油生产国兴起石油国有化运动，目的是把资源权从西方手中夺回。

---

[①] 查道炯：《由伊拉克战争看中国能源战略研究》，《中国石油企业》2003年第5期，第11—12页。

所谓能源地缘政治讨论的也主要是资源权问题，很多观点认为美国控制中东，就是为了直接控制那里的石油，美国在早期也承认这一点。但 20 世纪 90 年代后，要在世界范围内通过政治、军事、外交等手段直接占有油气资源，已经变得越来越难了。市场性权力开始变得更加重要，石油公司通过竞标获得开采权，但采出的油气并不一定运回母国，如何通过其他手段间接控制世界市场上的石油，成为一项复杂、神秘的技术。这项技术就包括上文提到的定价权、计价权。但由于价格很大程度上需要由期货市场提供标杆，实际交易价格又是通过纸面合同落实的，市场上来来往往存在大量资金，很难说准这项权力是否掌握在一个有形实体手中，它很可能是一项系统性权力，哪个国家能影响这个系统，哪个国家就掌握这项权力。与这些因素相比，近年来另一种风格完全不同的因素影响也越来越大，即以公平、环保、可持续发展等为主要内容的发展权，要求在这些约束条件下解决能源问题。这大大提升了解决能源安全问题的难度，也使得各国在能源问题上变得更加难以调和。

## （四）国际能源政治的主要互动方式

第一，能源安全必须通过相互依赖和国际合作才能实现。如果没有消费国，生产国的石油将一文不值，占有再多的资源也毫无价值。现行国际体系下，即便是处于等级顶端的国家，也不能通过消灭生产国的方式来获取资源，而必须同生产国建立某种合作关系，即便这种合作是不平等的。有观点认为同一类型单元之间是竞争而非合作关系，但事实表明这种竞争并不是绝对的，无论是生产国还是消费国，只有联合协调，才具备影响国际能源市场的能力。离开经合组织的美国，离开欧佩克的沙特，都不具备游刃有余地干预国际市场的能力。

第二，国际能源政治互动将政治、经济、军事、科技等问题纠缠在一起。最早的能源政治直接为军事服务，但现在的军事行动更多服务于能源，军事与能源互相促进、互为保障。能源是战略安全问题，但经济金融手段是解决能源安全的重要方式，从某种意义上说，争夺国际金融市场中心地位，就是争夺能源权力。科技发展可以实现更高的能效、更大的开采量，甚至是实现替代能源，可以从根本上缓解能源安全问题，令一国在能源政治中获得颠覆性优势。

第三，能源政治主要是大国之间的互动，大国更倾向于从体系层面进行竞争，小国更多适应体系的变化。沙特是石油生产大国，日产量超过 1200 万桶，可以发起石油禁运，也可以同美国达成协定，这些都是在体系层面影响国际能源政治的行为。日产量低于 500 万桶的生产国不具备这样的能力，更多扮演小角色。伊拉克在 2001 年后开始恢复生产，在它的日产量低于 300 万桶时，更多是一个美国调节世界石油市场的工具，但当其产量恢复到逐渐接近 500 万桶后，就开始成为一支重要力量，可以自主发挥影响，美国也不得不重视伊拉克对世界石油市场的影响。[①] 石油消费国更是如此，除中、美、欧外（日消费量均超过 1000 万桶），其他国家和地区都不具备在体系层次影响国际石油市场的能力，更多是适应世界石油市场的各种变化。

（五）国际能源政治的可变条件

到目前，我们已经讨论了国际能源政治的驱动机制、互动单元、政治结构。其中，能源的属性，互动单元的行为特点，政治结构的基本原则、内容、方式，这些都是能源政治的约束条件。互动

---

① Roberto Lannuzzi, "The Iraqi Time Bomb In The Global Oil Market," Boulevard Exterieur, Sep. 4, 2014, https://www.boulevard - exterieur.com/The - Iraqi - time - bomb - in - the - global - oil - market.html.

单元的行为特点和政治结构的基本排列原则和互动方式显然非常稳定，"受到根植于人性的客观规律的支配"。[①] 但尽管互动单元的构成、能源的属性和互动的内容也是约束条件，却只是某一周期内"相对稳定"的条件，在周期之外其可能完全不一样。通过对比两个时期，能够清楚地观察到相关变化带来的影响。每当这些条件发生变化（比如从煤炭到石油），就可能意味着国际能源政治将要从系统层面上进行调整，这种调整就意味着进入了一个新的周期。变化主要表现在互动单元、能源属性和互动内容三个方面。

一是单元的调整。民族国家的出现是一个重要节点，之前是帝国、王国、封建主，甚至是部落、族群，之后又加入大型跨国公司、私人资本，国际组织、非政府组织，其中又分为生产国、消费国、过境国，发达国家和发展中国家等。

二是能源属性的变化。通过历史回顾，可以清晰地看到每一次能源结构发生变化，国际能源政治都会发生重大调整。而每一次调整之后，又会形成一个相对稳定的、以这种能源属性为约束条件的能源政治结构。单元的调整和属性的变化这两个问题上面已经反复论述，不再展开。

三是互动内容的变化。主要是某一时期国际格局和时代主题的特点。比如欧共体成立、中国的改革开放、冷战结束、"9·11"事件等均对国际能源政治格局产生重大影响，当前国际力量对比东升西降、国际能源生产中心和消费中心移动，也对国际能源格局产生重大影响。2005年，沙特法赫德国王去世曾引起国际石油市场恐慌，担心沙特陷入动乱导致生产紊乱，减少国际石油供给。2019年美国和伊朗的关系剑拔弩张，加上沙特的油田直接遭到火箭弹袭击，战争看起来一触即发，但国际石油市场却在波动一天后就稳定

---

[①] ［美］汉斯·摩根索著，徐昕等译：《国家间政治（简明版）》，北京大学出版社2012年版，第6页。

了下来,完全没有引起相应的恐慌情绪。两者相比,体现出国际格局变化的直接影响。

虽然产油国石油产量仍占据全球主要份额,但其经济总量和全球政治影响却在不断下滑,石油消费国市场不断扩大,实际上在不断削弱产油国的市场影响,当前产油国的寡头垄断地位已经大不如前了。"OECD+中国"(主要消费国)与"OPEC+俄罗斯"(主要产油国)的经济总量差额绝对值过去三十年来持续扩大,从1990年的17万亿美元扩大至如今的54万亿美元,增加了217%,后者对前者的影响呈绝对降低趋势。① 国际政治主题的调整往往也会对能源政治产生重大影响。最为明显的例子是近三十年来国际气候政治的发展,对国际能源治理产生了重大影响。当前,国际政治格局加速调整,新一轮产业革命方兴未艾,从政治和技术两个层面推动国际能源政治进入新一轮剧烈调整期。从国际政治角度看,中美关系不确定性、中东地缘政治再动荡都可能深刻影响国际能源政治的互动结果;从能源本身看,化石能源生产与消费结构也在发生重大变化,正在对驱动能源政治的根本动力产生影响。

## 四、可变条件

国际政治理论中有一个著名的"安全困境"或"安全两难"问题,指一个国家为了保障自身安全而采取的措施,可能会降低其他国家的安全感,从而导致该国自身更加不安全的现象。一个国家即使是出于防御目的增强军备,也会被其他国家视为需要做出反应的威胁,这样一种相互作用的过程是国家难以摆脱的一种困境。能

---

① 根据 IMF 数据库计算,https://data.imf.org/?sk=388dfa60-1d26-4ade-b505-a05a558d9a42。

源政治是不是也存在这样的困境呢?

一个能源消费国为保障自身能源安全而到世界上到处抢油,肯定会降低其他能源消费国的安全感,从而导致其他国家也以更大强度抢油,并且对该国实行能源安全的防御政策,导致该国实际上可能更不安全了。一个国家即便是出于自身消费需要去拿更多的油,也可能被别的国家认为是能源威胁,必须也做出相应的举措。这可能也是能源领域一种难以摆脱的困境。和平时期能源政治的主要内容就是不断地在这种困境中打转。尽管各国都充分认识到能源安全的重要性,设法确保自身能源安全,但事实却表明,虽然石油供应中断将严重威胁一国在国际体系中的权力和地位,但战后却从来没有哪个主要国家真正出现过油气供应中断。美俄自身是产油大国,中欧日主要依靠进口,除欧洲曾面临被断气的风险外,三方从未出现实质性的能源供应中断。当前各国的对外能源政策主要是"基于事件的反应""对反应的反应",然后由此形成连绵不断的反应循环,而并不是真的因为能源短缺。

一言以蔽之,当前各国面临的并不是石油的"自然短缺",而是"政治短缺"或"经济短缺"。"自然短缺"是绝对的,"政治短缺"是相对的,前者的较小可能造成的后者的无限焦虑。如果哪一天替代能源的属性彻底消除了"短缺",将可能从根本上改变能源政治。

综上,本章从理论与历史两种研究视角,尝试总结了一个国际能源政治的分析框架。该框架是本书的主要创新点之一,包括驱动机制、互动单元、基本结构、可变条件四部分。某一时期主导能源的属性是驱动国际能源政治发生、发展、变化的根本动力。由于化石能源具有明显的稀缺性、地缘性、外部性特征,使得能源权成为国际权力中的重要内容,因而国际能源政治也遵循国际权力斗争的诸多基本规律,在某些具体方面体现出能源领域的独特性。从互动单元上看,可根据不同研究方向抽取出能源消费国、出口国和过境国，发达国家和发展中国家，能源企业，能源中介，能源国际组织等不同类型。

国际能源政治互动的核心是包括资源权、通道权、市场权、发展权在内的权力，既可以是目的，也可以是手段。能源安全必须通过相互依赖和国际合作才能实现，互动内容将政治、经济、军事、科技等问题纠缠在一起。从基本结构来看，各个单元之间依靠功能进行分工，但单元的能力不同，存在明显的等级特色。

总体来说，大国是国际能源政治互动的主要单元，从更高层次进行权力斗争，决定了国际能源政治结构的主要方面。大国对能源权的争夺，往往超越了能源本身，成为国际政治互动的主要内容，因而也会出现类似"安全困境"的现象。长期看，组成国际能源政治的各要素都是可变的，但在一定时期内可能只有某些要素可变，另外一些则可以被视作常量。研究能源转型对能源政治的影响，也就将能源本身视作变量，在一个相对固定的结构下开展。

# 第四章 新一轮能源转型的主要内容

能源是经济社会中的基础领域,能源转型既遵循其自身发展规律,也在与经济社会其他要素的互动中不断发展演变,这分别构成了能源转型的内生因素和外生因素。对这些要素的研究不仅要考察其最终结果,更要研究其发展过程。同时,还要清醒认识到能源转型既有必然性,也有多样性和不确定性,要辩证、系统地进行研究。

## 一、内生因素

包括能源结构、能源技术、能源市场,不同能源行业之间的关系,以及最终形成的能源流向。

### (一) 新的能源结构

主导能源的变化是能源转型的核心问题。瓦科拉夫·斯米尔认为转型中能源的形态要发生变化,煤炭取代柴薪、石油取代煤炭是前两次能源转型，可再生能源取代化石能源将是第三次转型。① 实际上，这一说法关于形态的判断或多或少有些模糊，对形态的定义并不严格，如果指的是固态、液态、气态，那么柴薪和煤炭都属于固态。因此，海夫纳在此基础上进一步精确化，指出能源转型是从固态到液态，再到气态的转型。因此目前天然气消费占比迅速上升，天然气如果取代石油成为主要能源也是一次转型。② 他的这一观点争论比较大，因为照此理解，从柴薪到煤炭不算是转型，石油到天然气反而成了转型，这与人们的一般认识有很大出入。史丹认为，页岩油气等非常规能源的兴起，是第二次能源转型的长尾效应，不能算是新一轮能源转型，人类社会目前只经历过两次转型。③ 世界能源理事会将能源转型定义为一国能源结构的根本性转变，如可再生能源比重的上升、能源效率的提高以及化石能源的逐步淘汰。④ 吴磊认为，能源转型是在一定经济技术条件下，一次能源消费结构中居主导地位的能源种类被其他能源种类所取代的过程。⑤ 这两个定义不从具体的能源种类出发，而是着眼更具一般性的定义，因而更具有普遍性。朱彤则认为，人类社会能源转型的脉络是从植物能到矿物能，再到可再生能，到目前已经完成的转型只有一次，正在经历的是第二次转型，颇具独创性。⑥

---

① ［加］瓦科拉夫·斯米尔著，凌风等译：《能源转型：数据、历史与未来》，科学出版社 2018 年版，第 33—42 页。

② ［美］罗伯特·海夫纳三世著，马圆春等译：《能源大转型》，中信出版社 2013 年版，第 3—34 页。

③ 史丹：《全球能源转型特征与中国的选择》，《经济日报》2016 年 8 月 18 日第 14 版。

④ 世界能源理事会：《全球能源转型》，http://www.atkearney.com/documents/10192/5293225/Global+Energy+Transitions.pdf。

⑤ 吴磊、詹红兵：《国际能源转型与中国能源革命》，《云南大学学报（社会科学版）》2018 年第 17 卷第 3 期，第 116—127 页。

⑥ 朱彤：《国家能源转型——德、美实践与中国选择》，浙江大学出版社 2016 年版，第 85 页。

事实上，能源转型这个词据考最早出现在20世纪80年代的德国，目的是探讨如何帮助德国摆脱化石能源和铀矿资源，因为德国的这两种资源都不丰富，对外依赖严重。① 煤炭取代柴薪、石油取代煤炭时，尽管学界研究这种变化的影响，但并没有专门去研究其中的转型问题。我们今天说的转型，一般专门指可再生能源对化石能源的替代，可以不用在前面加定语"第三次"，所谓前两次转型主要是回溯的结果。从政治上看，尽管天然气占比上升，有可能成为过渡时期的主要能源，但因为天然气和石油在分布特点上比较接近，政治影响也相似，其宏观政治影响的变化有限。正如史丹所言，页岩油气兴起是第二次能源转型的长尾效应，并不具有划时代的意义。② 本书会考虑这一变化，但大多数情况下将其作为常量，主要关注替代能源所带来的影响。

除此之外，人们对化石能源的替代能源也有不同认识。核能曾经被认为是最重要的发展方向，但目前许多国家已经放弃核能。德国已经制定了弃核时间表，正在"坚定不移"地推进弃核。水力被认为效能不足。当前，受关注较多的是太阳能、风能、氢能、生物质能、地热能、海洋能等，其中太阳能、风能、氢能被认为更具实用性，但业界对哪种能源最终成为主导能源还存在分歧。我国首次就可再生能源制定的五年规划，题目是《新能源和可再生能源五年规划》，③ 我国首部《可再生能源法》定义的可再生能源包括风能、太阳能、水能、生物质能、地热能、海洋能等非化石能源，④ 都没有明确指出未来能源具体会是哪一种。从目前来看，最

---

① ［德］斯蒂芬·科勒:《德国能源转型的得与失》，《能源》2009年第7期，第39—41页。

② 史丹:《全球能源转型特征与中国的选择》，《经济日报》2016年8月18日第14版。

③ 《关于印发〈新能源和可再生能源产业发展"十五"规划〉的通知（国经贸资源〔2001〕1020号）》，中国政府网，http://www.gov.cn/gongbao/content/2002/content_61602.htm。

④ 《中华人民共和国可再生能源法》，第一章第二条。

终的能源结构很可能是一种能源组合，太阳能、风能、生物质能、地热能和海洋能主要用来发电，氢能用来做动力燃料；太阳能和氢能可以实现分布式、用户化发展，其他能源主要以集中方式利用。从政治属性上来看，不管哪一种更能代表未来，它们的特点和政治影响都具有一定相似性。

## （二）新的利用方式

整个能源系统的输入、转化、分配（输送）、输出都因为能源结构的调整而调整，风能、太阳能和氢能在这些方面都与化石能源有显著不同。

从输入端看，化石能源向能源系统输入可见的固态、液态或气态物质，在输入前，这些物质被储存在油罐、气罐、堆场、管道等存放设施中，通过管道输送或交通工具运输的方式输入到能量转化装置中。而可再生能源在输入转化装置之前普遍存在于地球空间，我们不可能对风能、太阳能进行存储，而是通过转化装置直接接触的方式来对其进行利用。水能可以通过"抽水蓄能"的方式进行存储，与油气存储有一定相似性。风能、太阳能的利用是直接的，不经过存储和运输环节。氢能主要从水中进行分离，而水也是普遍存在的，几乎不需要进行存储。虽然分解出的氢需要进行存储和运输，但其规模要小于化石能源，氢能的转移大部分是在一个城市甚至是一个区之内进行的，目前尚未见到跨国氢能运输，预计未来的规模也不会太大，与其运输制备好的氢，还不如直接运输制备氢的设备。

从转化过程看，化石能源需要将能源从化学能转化成热能、动能和电能，转化的方式主要是燃烧，转化装置一般被称作热机。化石燃料通过燃烧驱动热机运动，将燃料的内能转化为动能做功。可再生能源需要将太阳能或风能（动能）转化成电能、热能和动能，转化的方式主要是发电（也可以将风的动能通过风车直接传输到动机，是一种传统的风能利用方式，有数千年历史）。① 发电是太阳能和风能转化成动能和热能的基础，通过电来驱动电机或电加热装置。

在转化中还有两个关键区别：首先，化石能源的能源转化是随时可调节的，比如在需求高峰时加大发电力度，在低谷时调低功率，几乎不需要进行能量储存。而风能、太阳能被称作"可变可再生能源"（VRE），启发电是跟随自然状态变化而变化的，比如夜晚没有太阳，风也不是一直都在吹。如果需要得到稳定、持续的电能供应，就需要进行能量存储和峰值调节，这是转型中的关键技术。生物燃料、地热和水力发电相比，风和光更具稳定性，但规模和便利性却不如风和光。其次，化石能源转化为电能时，最普遍的方式是通过发电厂集中进行，可再生能源既可以通过风力田、光伏田集中进行，也可以在消费端直接开展。

从分配过程看，化石能源可以在输入和输出两个方面进行，既可以通过对固态、液态或气态的能源分配来输送能源，也可以对输出的电能、热能进行分配，而且这种分配都是可以大规模远距离开展的。由于化石能源分布不均，相关分配在很多情况下是跨国开展的。除交通领域外，由于消费端直接进行能源转化效率不高，也必须依赖先集中再分散的方式开展。但人们不可能去分配太阳能和风能，可再生能源只能通过输出端进行分配，目前只能通过电能输送的方式开展。

由于能量转化的方式不同，许多消费端可能不再依赖能量网，自行开展能量转化过程。不具备能量转化装置的消费端可以通过向临近的、有能源剩余的消费端拆借电能，后者出于获益需要也愿意这么做，这导致电网从化石能源条件下的金字塔式结构演变成扁平

---

① 此外，还可生产生物汽油等燃料。

结构，主要负责点到点的通联，而非一点到多点的分配。偏远地区可以建设小型发电装置，脱离对大型电网的依赖。连接到用户末端的分布式能源（DERs）的出现使得电力系统更加分散，这些分布式能源包括屋顶光伏、小型风机、电表后端的电池储能系统、热泵和电动汽车。[①]

从输出端看，柴薪、煤炭、石油、天然气在转化中难以实现100%利用，会存在一定比例的废弃物，包括向大气中排放的碳化物、氮化物以及剩余的废渣等，这些废弃物会对环境造成严重负面影响。可再生能源中的太阳能和风能本身不是以物质，而是以能量的形式存在，对其利用是从能量到能量的转化，虽然转化也存在损耗，但没有直接废弃物。但需要注意的是，可再生能源利用会产生大量间接废弃物，包括电池板、发电机、蓄电池等电子垃圾，相比利用化石能源的热机，这些垃圾的处理难度非常大，处理不善同样会对环境造成严重负面影响。

## （三）新的能源经济

能源投资、生产、交换，以及在整个经济系统中的位置等将发生调整。投资水平、市场占比、成本趋势等经济统计指标是衡量能源转型最直接的指标，但当我们描述能源经济时，仅有这些统计指标还远远不够。能源转型带来的经济活动变化是综合且系统的，必须从更全面的角度来衡量。

从整个能源经济活动的性质来说，由于化石能源生产特别是上游生产具有风险高、规模大等特点，使得生产很容易向大资本集

---

① Zach Pollock, "DERs and Grid Optimization – The Next Phase of the Grid Modernization Journey", Renewable Energy World, Nov. 17, 2017, https://www.renewableenergyworld.com/2017/11/17/ders-and-grid-optimization-the-next-phase-of-the-grid-modernization-journey/#gref.

中，形成生产者垄断。在一国内部可能形成托拉斯，在国际上更容易形成卡特尔。因此，我们常常看到的是一个国家内部往往只有寥寥几家大型石油公司，多数是2—3家，但在国际上则是这些大型公司形成供给联盟，决定产销问题。欧佩克事实上是国家代表国有企业形成的卡特尔。

可再生能源投资生产与化石能源有很大不同，生产相对分散，门槛较低，更容易形成自由竞争关系。由于市场组织方式不同，转型前后的市场主体也有很大区别。化石能源市场上的生产者以大资本、大企业为主，消费者中既有大资本、大企业，也有普通消费者，行政力量是很重要的参与主体。可再生能源市场则相对分散，更接近于化石能源下游市场，生产者既有大型发电厂，也有小型发电厂，甚至是个人，消费端的情况类似。

长期以来，化石能源投资、定价形成了一套完整体系，其中最具代表性的就是石油期货市场。随着能源金融化水平持续提升，化石能源不仅是一种大宗商品，更是最重要的金融投资产品之一，能源问题与金融问题已经融为一体。但可再生能源未来的投融资方式恐怕与化石能源有巨大差异。首先，可再生能源并非全球交易，没有一个全球性市场，因此很难出现像石油那样全球集中的报价市场，形成期货市场的可能性更低。可再生能源定价主要表现在电价上，可能主要通过议价等方式形成区域性价格，政府在定价中发挥至关重要的角色。其次，公共投资在可再生能源发展中占据重要位置，这与西方以私人资本为主的化石能源投资也有重大区别。最后，可再生能源的金融投资属性明显弱于石油，目前已经出现的可再生能源发电期货市场在资金规模和价格波动等方面仍相对较小。

化石能源部门在国民经济中具有战略重要性，同时也是一个相对有形的部门，我们可以很轻松地找出哪些领域与化石能源相关，其对整体经济的影响也相对清晰。可再生能源不像化石能源那样集中，其所涉及的许多领域在传统上看并不属于能源部门。比如，可再生能源需要大量稀土矿物、信息技术、互联网、储能技术等，同时这些也是国民经济中其他部门都需要的。因此，可再生能源与其他经济部门的融合度更高、更深。

此外，由于化石能源存在排放问题，碳交易也是化石能源经济中重要内容。但可再生能源没有排放，至少没有直接排放，碳交易市场与可再生能源没有太大关系。碳交易市场将作为一种过渡时期的产物存在，当可再生能源/替代能源占比达到一定水平后，碳交易的必要性将显著降低，我们很有可能在 50 年内完整见证碳交易市场的兴起与衰落，相关投资要高度重视这一周期特征。与此同时，可再生能源也有外部性问题，即废弃物的处置，围绕这些废弃物也要形成一定规模的交易市场。但这样的市场可能主要是地区，而非全球性的，其交易水平也将远不及全球碳交易。

## （四）新的能源流向

能源结构、技术、经济调整将导致系统内各个消费方的转型，最后影响整个系统内的能源流向。

考察能源转型需要清楚能源主要用来做什么，都流向了哪里，才能了解它们是如何调整转变的。这个问题如果放在一个世纪之前，似乎不需要做太多研究便能回答。随着工业化水平的不断提升，要回答这个问题已经变得越来越困难。能源界习惯用能流图来描述能源的流向，一般包括物理流向、部门流向和地理流向三种能流。物理流向是能源系统中各种能量转换关系，它描述了能量以什么形式进入到能源系统，又转化成什么形式的能量从系统中释放出去。部门该向从市场的角度描述了能源从哪里来，消费到哪里去。地理流向从地理角度描述了石油从哪里来，流到哪里去。这三种能流是我们理解能源系统的三把钥匙，也是描述能源转型的三个主要维度。

一是物理流向。能源转化包括热能、动能、电能、光能和化工转化五个方向。在柴薪时代,能源只能转化为热能和光能(照明),到煤炭时代后主要转化为热能、动能和电能,仅有少部分煤炭被转化成其他化工产品,到油气时代整个情况发生了巨大变化,石油和天然气不仅可以转化为热能、动能、电能、光能,[①] 还进行大规模化工生产,从能量和原材料两个方面支撑工业生产和社会生活。可再生能源主要包括太阳能、自然动能(风能和水能)、自然热能(地热)、自然化学能(生物质能)四类,需要转化成热能、电能,然后再通过电能和生物燃料转化成动能、光能。风车、水车等属于对自然动能的直接利用,并非能源形式的转化。因此,每一次能源转型,都会调整能源系统转化中的主要关系。作为非主要能源的转化路径尽管仍然存在,但已经不是主要流向。

二是部门流向。部门流向描述了一个典型的现代能源社会是如何吸收和分配能源的,它从外部吸收各种能源,转化成不同形式之后流向家庭、工厂、商业设施、交通设施以及海外市场。从美国来看,首要用能大户是工业,其次是交通,家用和商用紧随其后,最后才是出口。其他国家在分配上存在不同比例,但也主要是这几个流向。对比历史我们惊讶地发现,尽管柴薪、煤炭、油气在形式上差异如此巨大,但它们的部门流向竟然几乎一致,仅有的差异是柴薪时代没有交通工具这一项,其他完全一致。可再生能源条件下,一个能源系统大致也是这几个方向,没有实质性增减。这说明人类社会在进入文明时代后,尽管用能的形式一直在变,但用能的主要方向却一直保持稳定。

三是地理流向。地理流向描述了能源如何在地理空间内转移,地理流向是化石能源时代人们最关注的话题,可能大部分能源政治

---

① 这里的光能指的是油气化工产品,比如灯油直接燃烧产生的光能,不是指发电照明。

研究方向都是关于能源的地理分配的。从各国之间的能源依赖关系中可以发现，中东毫无疑问是能源地缘政治的焦点。回顾历史，可以发现能源转型大幅改变了能源的地理流向。20世纪初，欧洲之外几乎没有成规模的煤炭贸易，也就很难谈得上世界范围内的煤炭政治。那时如果有煤炭政治的话，将主要是围绕欧洲展开。当前世界主要跨国电网也仅仅围绕某一地区展开，几乎不存在全球范围内的可再生能源贸易。可再生能源的上游，也就是各类矿物、信息技术等的贸易将是全球性的，我们将在后文进行分析。

（五）新的能源系统内部关系

不同能源行业会形成一定的关系模式，包括竞争关系、共生关系等，能源转型也会改变这些关系。

煤炭业和石油行业都属于化石能源行业，两者一度是竞争关系，但到后来竞争性逐渐降低。19世纪中期到20世纪中期的工业主要是靠煤炭驱动的，煤炭业是整个国民经济中非常强势的行业。20世纪初石油崛起后开始被用于交通和化工领域，煤炭和石油相继在航海、轨道交通和发电等领域出现竞争关系，各类蒸汽机船在20世纪20年代后被大量替换成内燃机驱动，蒸汽机车在40年代后逐渐被内燃机车取代，石油驱动各类内燃机交通工具，石化行业成为国民经济的核心支柱，煤炭主要被用来发电和取暖，地位完全被石油取代。进入21世纪以来，燃气发电开始在美国等国家大规模取代煤电、油电和核电，成为新的发电方式，煤炭行业的空间被进一步挤压，以致于很多地区不得不关闭煤矿，而石油公司往往也开采天然气，因此油和气属于明显的共生关系。在国际贸易中，原油贸易和天然气贸易一般也存在互补、挂钩关系。核电一度与煤电、油电形成竞争关系，20世纪60—90年代美国、欧洲和日本的新增发电中核电大幅超过煤电，但随着核电进入21世纪后增速放缓,竞争性变弱。

作为化石能源的替代能源,可再生能源必然与油、气、煤形成激烈的竞争关系,目前这种倾向已经非常明显。在发电领域,风能、太阳能和水力发电已经成为新增装机主力,占全球年新增装机超过60%,煤电在法、德、英等主要国家几乎退出市场。[①] 在交通领域,新能源汽车对燃油汽车的竞争也在逐渐增大,主要是由于政策原因,传统汽车产业向新能源转型的压力越来越大。全球化石能源企业逐渐感受到来自可再生能源的压力,许多企业选择增加可再生能源资产配置的方式应对竞争,包括埃克森美孚、壳牌、英国石油等在内,都投入巨资设立了可再生能源部门,目前欧洲海上风电一半以上的投资是由传统油气企业完成。从国家来看,替代能源对全球主要油气出口国造成的压力还不明显,但随着设定减排目标的国家越来越多,到21世纪中叶这种压力就会明显增大。目前,包括沙特等国在内的油气出口国已经意识到加速能源转型、减少化石能源依赖的重要性,纷纷制定能源转型目标。

此外,不同行业间的关系也将发生调整。传统上交通运输业是发电行业的上游部门,为后者输送煤炭和油气,运输成本是发电成本中的重要组成部分。但随着能源结构调整,发电行业将成为交通运输业的上游部门,为后者提供电能,电力成本成为运输成本的主要组成部分。与油价长期看涨的趋势不同,电价的长期趋势是看跌,可再生能源发电越多,边际成本就越低,家庭用户的边际成本甚至为零,这将从根本上改变交通运输业的成本核算方式。ICT产业与可再生能源行业将成为共生关系,前者为后者提供设备和通联,后者为前者提供动能,设备价格越低,摊薄的电价就越低,又进一步降低设备成本。诸如此类的新兴内部关系还有很多,且随着

---

① REN21:《可再生能源发展报告(2019)》,https://www.ren21.net/about-us/annual-reports/。

能源结构、技术、市场的不断发展，还会出现很多我们意想不到的关系模式，这些关系将丰富新的能源系统。

## 二、外生因素

外生因素包括影响能源行业发展的经济、政治、社会因素，以及各种能源政策等。需要指出的是，政治和经济性因素更多指的是宏观大背景，经济性因素可能更具体一些，而政策性因素则是直接影响可再生能源发展的外在条件，涉及直接操作层面。

（一）经济性因素

一般来说，某一时期的主导能源/燃料，应该是与该时期经济社会发展水平相匹配的能源。如果经济社会发展水平高、能源效能低，主导能源不能满足发展所需，市场就会自动去寻找具有更高能效的能源，或者采取更高效的能源利用方式，推动能源向更高级转型；反之，不仅不能充分发挥该种能源的能效，还可能造成能源和资金浪费，高成本将推动市场选择能效相对较低的能源，或者减少能源利用过程中的资本支出，能源转型将因为缺少经济支撑被迫放缓。横向来看，处于同一时期的不同消费方也会从自身特点出发选择能源，生产效率越高越倾向于选择能效更高的能源。在没有政府等外部强力干预的情况下，市场将按照效率优先的原则选择能源种类和利用能源的方式。

以燃料的热值为例，人类社会经历了 10MJ（木柴）、30MJ（煤炭）、40MJ（油气）三个阶段，热值的每一次提升都伴随着经济社会的巨大发展。以木柴为代表的各类柴薪是人类最早利用的能源，其平均热值仅为 10MJ，木柴经过加工可以变成木炭，其释放的热量接近干柴的3倍。在人类早期社会，普通木柴足够满足普通成员的基本能量需求，部落中的高级别成员可能需要更加干燥、易燃，热值更高的品种。反过来，如果在经济水平未达到相应水平的情况下提前掌握木炭的生产方式，那么很快就会发现生产木炭的过程既浪费人力、物力，又没有太大必要，很可能从经济角度重新使用未经深加工的木柴。

泥煤和褐煤的热值介于木柴和木炭之间，分别约为14MJ和17MJ，但相比木炭产量更大，能够提供给经济系统的总热量要高于木炭。进入工业化时期后，木炭、泥煤、褐煤开始成为城市生活的主要能源来源，农村地区则仍然大量使用木柴。第一次工业革命出现后，木柴、木炭已经远远不能满足大工业生产所需，热值效率分别达到30MJ和33MJ的烟煤和无烟煤成为工业生产的首选能量来源。没有煤炭的支撑，资本主义不可能"在四五百年间创造了人类社会几万年、几千年所无可比拟的经济发展速度"（马克思语）。但因为产量不足的原因，无烟煤提供给利润更高的工厂，而泥煤、褐煤则供给家庭和小作坊使用。

随着需求进一步扩大，由煤炭支撑的能源结构开始逐渐乏力，能源供给不足开始限制一些地区和行业的发展。19世纪末、20世纪初的欧洲海军经常抱怨使用无烟煤的军舰动力上升太慢、持续时间太短，而且需要大量水手来铲煤。一些激烈的战斗因为对动力要求太高，甚至会把铲煤的水手累死。[①]

进入20世纪，煤气、煤油、柴油、汽油等燃料的热值进一步上升到40MJ以上，全球迅速跃进到机械化时代，极大促进了经济社会发展，产出远远超过30KJ的阶段。人类社会继续向前发展，必然对能源系统提出更高要求，如果能源系统迟迟不能更新，就会

---

① 阿尔弗雷德·克劳斯比：《人类能源史：危机与希望》，中国青年出版社2000年版，第88—89页。

拖慢社会发展脚步。

表 4—1　主要燃料的热值

| 类别 | 热值（兆焦/千克） |
| --- | --- |
| 干木柴 | 12.6 |
| 焦炭 | 29.7 |
| 木炭 | 33.5 |
| 泥煤 | 13.8 |
| 褐煤 | 16.8 |
| 烟煤 | 29.3 |
| 无烟煤 | 33.5 |
| 煤气 | 41.9 |
| 煤油 | 46.1 |
| 柴油 | 42.7 |
| 汽油 | 46.1 |
| 天然气 | 36.2 |
| 氢气 | 142.5 |

资料来源：根据公开材料整理。

目前石油消费量占全球一次能源消费的35%以上，40MJ虽然仍然是支撑经济社会发展的主导热值水平，但已经不足以支撑经济以更高速度增长。美、欧、日等传统工业化国家和地区经济增长明显放缓，中国等新兴和发展中国家经济高速增长，实际上延续了油气在整个经济体中的影响。如果不是发展中国家承接传统工业国家工业生产、创造巨大新增能源需求，现行化石能源行业的运行模式可能在20年前就需要进行重大调整。

我们不能把经济放缓归之于能源，但新经济一定会对能源系统提出新的要求，形成新的搭配关系。最近十年，全球经济向新经济转型的趋势更加明显。而新经济的特点是重资本、重技术、轻资产，智能化、信息化、电气化、集约化水平更高，要求能源系统也具备相匹配的特点。如果现有系统不能适配新经济发展需求，市场就会自发寻找更适合的技术。前文已经对可再生能源的特点进行总结，对比一下可以发现两者的匹配度高，双方将是相互支撑的关系。事实上，目前可再生能源本身已经成为新经济的一部分。在许多领域，如经济前沿、科技前沿与能源前沿的边界发生重合，微软、特斯拉、谷歌、华为等知名的科技公司在很多情况下也是能源科技的开发商和设备、服务的提供商。

## （二）政治性因素

从本质上说，占有并支配能量是政治权力的重要内容，一个政治实体会选择对其最有利的能源系统，抑制对其不利的系统。这里所说的政治实体可大可小，具体指什么取决于我们研究的范围有多大、方向是什么。当我们以国家或者社会为单位时，指的是中央政府或者统治阶级、大利益集团、不同党派，党派是决定能源政策非常重要的政治力量；当以省、州为单位时，指的是地方政府或地方利益集团、地方政治团体；当以市、社区为单位时，指的是更小的基层政府和企业、家庭等社区单位；还可以细分到一个小区、家庭，需要由住户，住户里不同的家庭成员来做选择；最后，如果我们着眼全球，多边组织、国家、非政府组织都有权影响全球能源系统的发展方向。这种分类不是在做文字游戏，各方的利益诉求可能是完全不同的，能源转型的进程最终就是由不同政治实体之间的博弈决定的。持自由主义观点的党派大多数希望推进能源转型，但保守主义政党大多数选择继续支持化石能源。中央政府可能希望在全国推进能源转型，但某些省州可能希望继续开发化石能源，这些地方的普通民众又希望尽快用上干净的能源。国家可能制订规模庞大的风电计划，但某些地方民众可能因为担心辐射、噪音而反对这样的计划。

不同国家的能源转型政策有很大差异,但从目前来看,整体政治氛围是要推进转型加速。能源转型已经与气候变化、环境保护共同成为21世纪西方国家新的"政治正确",甚至成为一种政治团体领袖人物的"美德"或道德规范。大多数欧洲国家认为推进可再生能源对其政治上有利,在这方面最积极的欧盟制订了整体相对激进的绿色能源计划。但不同欧盟成员在制定具体政策上也有区别,法国选择同时推进可再生能源和核能建设,相邻的德国则选择放弃核能,将能源转型的主要精力放在可再生能源上。美国的政策演变与其国内政治周期紧密相关,当民主党上台执政时,对能源转型、气候变化等问题持积极态度;当共和党上台执政时,往往会偏向化石能源集团,在民主党的政策基础上回调。但共和党也会在国家安全与利益集团之间进行权衡,出于能源安全的考虑,整体上也偏向支持能源转型,即便是计划撤销部分新能源补贴、大力支持化石能源行业、退出《巴黎协定》的特朗普政府也是如此,其能源政策的长期目标仍然偏向转型。[①] 大多数新兴和发展中国家将推进可再生能源视为实现技术进步、拉动经济增长、提高工业化水平、加速城市化建设的捷径,希望在能源转型方面有所作为。

如何在现在的优势和未来的优势之间做选择,是许多油气出口国的政策两难,积极的能源转型政策相当于放弃现有优势、塑造未来优势,在油气出口的诱惑下很难做出这样的选择;消极的转型政策相当于坚守现在的优势、放弃未来的优势,对于一些工业结构单一、高度依赖油气行业的国家来说面临巨大压力。因此,我们看到更多的油气出口国家选择平衡性政策,即在保持油气行业的同时,试点性支持可再生能源发展,但不能侵蚀油气行业的利益空间,一旦出现冲突,首先牺牲可再生能源的利益。不发达国家和一些动荡

---

① 韩立群:《国际能源格局转型重塑进入关键期》,《瞭望》2017年5月第19期,第64页。

国家受技术、资金、治理等方面限制在可再生能源发展上没有太多选择，更重要的是，能源转型不是这些国家的主要政治议题，很难吸引政治力量关注。在一些油气资源丰富的不发达国家，政治力量绝对不会因为追求道德正确而放弃它们。即便一些不发达国家部署诸如分布式光伏、小型风电和水电建设，大多数也是出于政治或经济发展需要，而不是能源转型需要。

最终，不同的政治倾向都具体化到能源转型政策上，包括支持性政策、抑制性政策和中性的管理性政策，并从外部对能源转型产生影响。而依赖政府政策推动，也成为本轮能源转型的一个显著特点。外部性因素在本轮能源转型中的影响要远大于此前。

第一是促进性政策。即通过支持性举措，抵消可再生能源在进入成熟阶段之前相对化石能源的竞争性劣势，获得发展所需要的时间和空间。政府在化石能源与可再生能源上存在明显的政策差异，对前者具有明显的政治性，政策主要集中在上游，对后者则主要从经济着眼，对上下游都十分重视。在石油作为工业能源刚刚起步的20世纪初，相比国际市场上的激烈争夺，政府似乎一点都不担心能源市场本身的发展，即便没有政府的参与，市场本身的力量也将推动石油市场高速发展。但自20世纪50年代开始，寻找替代能源的过程中，需要政府从上下游同时发力，既要推动能源技术研发，又要推动能源市场发展，太阳能、风能建设和发电并网都需要政府提供大量补贴，甚至要压抑化石能源换取可再生能源发展。因此，新能源政策中政府的介入程度大幅提高。在国内，表现为为可再生能源发展塑造更舒适的政策环境，争取更有利的市场前景。在国际上，表现为努力获取可再生能源发展所需的技术和原材料，并争取更大话语权。

这些促进性政策分为三层：第一层是宏观层面的政治共识和观念塑造，要通过一定政策手段，促进不同政治力量在是否推进转型、如何推进转型等问题上达成基本共识，并在大众中形成倾向认知,否则很难向下一步推进。比如,世界自然基金会推出"地球一小时"活动,目的是提高公众关于减排问题的共识;在全球引发高度关注的瑞典环保少女格蕾塔·桑伯格一系列举动并非是个人行为,而是持环保主义倾向的团体在背后运作;大多数国际性组织,包括联合国、世界银行、国际货币基金组织(IMF),以及民间性质的世界经济论坛等某一领域的机构,在公开表态中均对能源转型持支持态度;大多数国家的基础教育都向学生灌输绿色理念,以至于2000年之后出生的一代青年中很少有人不支持减排的;大型企业,包括能源企业在内,均以绿色环保为荣,进而带动普通民众支持环保;公众人物中很少有公开质疑绿色环保的。现在的反对意见主要来自专业领域和利益集团,前者因为更了解可再生能源,所以往往态度比较谨慎;后者必须尽力维护自己的生存空间,需要保留一部分支持化石能源的政策。一些党派则出于根深蒂固的认识,或者是投机考虑,在能源转型问题上持保留或者反对态度。经过数十年持续的观念塑造,反对能源转型的力量已经成为少数派。第二层是目标制定和规划设计,在基本达成政治共识的基础上,政府需要制定能源转型的目标和路径,并根据实际发展进行阶段性更新。这些规划往往包括总目标和分领域发展计划,一些方面经常会提前实现。根据REN21发布的《可再生能源发展报告(2019)》,到2018年已经有169个国家在中央或地方政府层面制定了能源转型的目标和配套规划。[①] 第三层是促进可再生能源发展的具体政策,定价、补贴、配额、转移支付是最常见的四类促进政策。一是定价政策,由政府制定可再生能源发电市场官价,电网企业必须以固定价格进行收购,属于通过人为方式直接创造市场。官方定价政策在可再生能源发展初期发挥重要推动作用,但随着发电成本持续

---

① REN21:《可再生能源发展报告(2019)》,https://www.ren21.net/about-us/annual-reports/。

大幅下降，目前定价政策的作用空间也在迅速缩小。二是补贴政策，通过税收、融资等方面补贴，刺激企业和个人安装和使用可再生发电装置。三是配额政策，主要用来限制化石能源使用部门的空间，碳排放配额是最典型的政策。中国汽车行业实行新能源汽车积分政策，燃油车企业如果积分不够，就需要向新能源汽车企业购买积分；政府设立碳交易市场，在总额基础上实现不同主体之间的调剂。

第二是管理型政策。目前可再生能源市场主要是在政府支持下建立起来的，自我调节能力还比较低，相比市场化运作已经非常成熟的化石能源，为可再生能源市场建立完善的管理型政策至关重要。现阶段管理型政策主要包括标准规范、市场管理、行业指导、统计监测、研究展望、对外交流等。以我国为例，2018年1月—2019年12月，我国公开发布的可再生能源有关政策约为121项，其中标准规范类约为51项，市场管理类36项（关于补贴资金的约为18项），行业指导类15项，统计监测类15项，研究展望类2项，对外交流类2项（贸易救济反制）。[①] 简单梳理发现，标准规范类占比超过42%，大部分属于初定标准或标准的早期版本，更新周期较短，凸显可再生能源市场仍然处在成长阶段。同时，市场管理类政策中，有一半用来规范各类补贴的使用，标准类政策中也有大量用来规范可否享受补贴，凸显补贴仍是当前可再生能源市场面临的最主要问题。

从全球来看，价格核算与补贴管理是目前可再生能源发展最需要规范的两个方面，也是各国可再生能源政策的主要发力点。其中，价格核算主要是如何确定光电、风电等可再生能源上网电价问题，与电价补贴政策直接相关，各国为确定电价进行了大量尝试工作，主要思路是通过补贴进行支持，并明确补贴退出机制，最终完

---

① 笔者根据国内公开发布的政策文件整理所得。

全实现自由竞争,到目前大致经历了政府定价—双轨电价—市场电价三个阶段。德国从1991年开始研究推进电价政策,通过其30年历程可以发现,政府定价虽然可以保障可再生能源发电入网,但也会引来可再生能源装机过剩、补贴总额过高、市场效率低下等问题。双轨电价限制了享受补贴的可再生能源发电比例,在后者发电成本不断降低、规模不断扩大条件下,很快突破既定比重,继续施行双轨制将限制可再生能源发展。最理想状况是可再生能源发电与其他种类电力进行竞争,取消补贴与其他市场干预。但一步到位还比较难,德国的做法是在完全取消补贴与政府确定补贴之间折衷,通过保留补贴,但由市场来确定补贴值的办法,继续对可再生能源部门予以一定支持。我国也制定了明确的可再生能源电力补贴退坡机制,2017年公布的《关于全面深化价格机制改革的意见》指出,将计划根据技术进步和市场供求,实施风电、光伏等新能源标杆上网电价退坡机制,2020年实现风电与燃煤发电上网电价相当、光伏上网电价与电网销售电价相当。[①]

## 三、过程与结果

从大历史上看,煤炭是一种长期被人们忽视的燃料,从人类认识到煤炭可以做燃料,到其成为主要燃料被工业化应用,可能经过数千年时间;石油同样很早就被人类认识到,但直到19世纪中期才被从地下大规模开采,到20世纪60年代才成为主要能源。煤炭和石油从被发现到被大规模应用,均跨越漫长的历程,而从煤炭到石油作为主要能源的替换周期,也大约有70年。可再生能源被人

---

① 国家发改委:《国家发展改革委关于全面深化价格机制改革的意见》(发改价格〔2017〕1941号), http://www.gov.cn/xinwen/2017-11/11/content_5238855.htm。

类认识的时间更早，现代工业意义上的应用，即将风能、太阳能等转化成电能要晚很多，真正加速应用则是最近30年的事。那么，我们应该如何预测可再生能源发展的过程、转型的节点、转型的程度，以及确定转型是否成功呢？

由于能源转型与气候变化问题紧密联系在一起，不能按照历史上煤炭、石油的轨迹来预测可再生能源的发展，不仅要考虑技术水平和市场条件，还要考虑政治意愿，后者的强弱将为能源转型设定不同情景，将发挥更大作用。2018年，国际能源署（IEA）发布2040年全球能源转型情景分析，设定新政策情景（New Policy Scenarios，NPS）和可持续发展情景（Sustainable Development Scenario，SDS）两种条件。NPS属于现实条件，考虑各国已经出台的能源转型政策和已知技术条件；SDS属于展望条件，考虑按照实现气候治理《巴黎协定》目标需要实现的发展水平。在NPS条件下，到2040年风能、太阳能发电量达到8.5万亿千瓦时，SDS需要达到14.1万亿千瓦时；电动汽车保有量分别将达到3.04亿辆和9.33亿辆，替代能源比例分别将达到25.8%和40%。[①] 2018年、2019年，国际可再生能源署（IRENA）连续两年发布《能源转型路线图》报告，也按照不同情景条件预测了能源转型的时间节点。按照年二氧化碳排放减少70%计算，到2050年电力将成为主要能源载体，占能源消费的50%以上，可再生能源将提供近90%的电力。[②] 按照IRENA的预测，可再生能源最快可能到2050年成为主要能源。

但考察能源转型还不能只靠占比等指标，还应考察能源系统是否实现了优化配置、能源效率如何、能源安全是否得到保障等。能

---

① IEA,"World Energy Outlook 2018," https：//www.iea.org/reports/world-energy-outlook-2018.

② IRENA,"A Roadmap To 2050（2018、2019、2020），" https：//www.irena.org/publications/2020/Apr/Global-Renewables-Outlook-2020.

源优化配置要达到有效性、可持续性和公平性原则。能源价格是能源优化配置的有效手段，从目前来看，可再生能源价格还不能完全反映市场供需状况，能源转型成功的一个标志是在剔除额外政府干预条件下，市场能够根据价格实现自我平衡。能源效率用来说明投入的能源能达到多少效益；单位产值能耗又被称为能源强度，是指一个国家或地区在一定时间内单位产值消耗的能源量。IEA 认为，在 NPS 情景下，2040 年全球能源生产率将达 15.6 美元/百万吨标准油，SDS 下可以达到 20.1 美元/百万吨标准油，均比现在实现大幅提升。[1] 一般认为，化石能源条件下能源安全的定义是以合理价格获得充足的能源供应。如果按照国际能源署相对保守的估计，到 2040 年替代能源比例至少将达到 25.8%，鉴于化石能源占比仍超过 70%，如果要确保能源安全，还必须按照化石能源条件下的安全原则来进行评估，这时的可再生能源还不能完全确保能源安全。但按照国际可再生能源署相对理想的估算，到 2050 年可再生能源提供超过一半的能源消费，提供近 90% 的电力，届时的能源系统主要是以电力为主要载体，能源安全的责任将主要由可再生能源承担，关于能源安全的定义可能也需要进行相应调整。

## 四、开放性与不确定性

相比石油替代煤炭成为主要能源的过程，新一轮能源转型要复杂得多。在煤炭被工业化应用之前，以柴薪为主的能源系统还非常原始；当石油开始迅速取代煤炭时，煤炭经济在全球甚至还不具备普遍性；但是当可再生能源呈现出逐渐替代化石能源迹象时，化石

---

[1] IEA, "World Energy Outlook 2018," https://www.iea.org/reports/world-energy-outlook-2018.

能源系统已经深入到人类社会的各个领域,形成了一张复杂严密的网络。新一轮能源转型的背景是更高水平的工业化、信息化、全球化,能源系统与经济、科技、社会、政治的联系程度远远超过煤炭或石油被大规模应用时期。能源转型的方向也更加多元,风能、太阳能、生物质能、氢能、海洋能、核聚变都可能在未来能源系统中占据一定位置,以可再生能源为主的多类型替代能源,借助新技术形成一个新的能源系统,可能无法通过对现有能源系统进行"线性外推"得到。[①] 新一轮能源转型不仅是可再生能源替代化石能源那样简单直接的过程,还是一个新的能源系统从萌发到逐渐成熟起来的演化过程,涉及到相当多的领域,具有明显的开放性和不确定性。

因此,客观精确完整地描述可再生能源与新一轮能源转型,并不是一件轻松的任务,漏掉一些关键领域很可能导致研究结论与事实南辕北辙。据报道,2018年底之前全国核准的海上风电建设项目装机总数40GW,按照现行补贴政策,这些项目必须在3年内装机并网才能享受补贴电价,从进展看3年内很可能完不成。[②] 如果不了解海上风电,很可能将此作为可再生能源缺乏发展动力的例证。事实上这些项目的制约因素既不是风电本身,也不是投资和政策因素,而是海上风电安装设备。据了解,海上风电安装难度大、风险高,目前中国符合标准的海上风电安装船只有32艘,用于铺设海缆的船只有8艘,按一艘安装船每年吊装风机40台计算,32艘船一年可吊装1280台风机。以每台风机5兆瓦容量测算,所有安装船全年最大吊装容量仅为6.4GW,3年满负荷安装只能完成不

---

① 朱彤:《关于国家能源转型的五个问题》,《财经》2016年第7期。
② 《风电"疯狂"短期"抢装"仍将持续》,中国能源网,https://www.china5e.com/news/news-1084856-1.html。

到 20GW。① 欧洲海上风电之所以发展快,很大程度上是因为欧洲造船科技——而不是风电科技本身——比中国更发达。所以,推动中国海上风电加快发展,注意力不能只放在风电本身,还应该大力发展上下游辅助技术。类似的例子还有很多,不了解这些情况,很可能对能源转型产生误判。

要更加综合地认识可再生能源与新一轮能源转型,还需要注意到以下问题:

### (一) 能源转型当前仍然是一个争论比较多的领域

产业界、学术界、政策界的认识还存在不少分歧。最主要的分歧是,能不能在当前油气能源仍然如日中天的条件下加速转型,有多大必要性和可行性。甚至,有些尖锐的观点认为当前根本不需要转型,政府补贴只会扰乱市场,导致浪费。其他一些分歧包括如何选择能源转型的方向、如何制定促进能源转型的政策、如何确定减排时间表、如何看待新能源在社会发展中的作用等。由于油气行业的巨大影响,以及能源转型中的利益分配博弈,许多观点背后实际上带有利益诉求,并不客观。

### (二) 本轮能源转型可能呈现漫长的螺旋式上升过程

本章第三节提到一些重要的时间节点,相关预测建立在经济增长、国内稳定、国际合作的基础上。但转型的外部环境可能不会一直处于理想状况,特别是经济增长和国际合作可能出现较大幅度的变化,这会导致能源转型在一些领域放缓甚至出现倒退。2008 年

---

① 《风电"疯狂"短期"抢装"仍将持续》,中国能源网,https://www.china5e.com/news/news-1084856-1.html。

金融危机后，许多国家把推进光伏、风电建设作为拉动经济增长的重要手段，可再生能源经历了一段高速发展期，2012年之后有所回落，之后又多次出现波动。① 2020年5月，国际能源署（IEA）统计称，由于疫情影响，全球范围内的风机、光伏电站和其他可再生能源发电新增装机容量或同比下降13%至167GW，这将是近二十年来首次出现新增装机容量下降。在经历了2020年的下滑之后，新增装机容量在2021年实现反弹，但是政策支持对于确保投资者信心也至关重要。

## （三）转型进程存在明显的地区和行业差异

第一次工业革命首先在欧洲出现，带动欧洲煤炭大规模工业化应用，当时世界其他许多地区还停留在柴薪时代。当前石油是世界主导能源，但煤炭占中国能源消费仍超过70%。当前可再生能源主要集中在中国、美国、欧洲、日本等地区，但在许多不发达地区，甚至还处在加速应用化石能源的阶段。当前的国际能源转型，存在煤炭替代柴薪、石油替代煤炭、可再生能源替代化石燃料的"多重替代"并存现象。因此，如何在代表性和普遍性之间做取舍，也是认识可再生能源与新一轮能源转型的一个难点。一些试点地区因为某些特殊政策取得较大进展，能否代表行业整体性进展，并进行普遍性推广？回答这个问题要看两方面：一方面是总量占比，从过去二百多年来看，主要能源的绝对占比越来越低。比如，柴薪时代人们几乎不使用其他类别的能源，其占比约等于100%；到煤炭时代，虽然煤炭是主要能源，但木材依然是重要的能源来源，煤炭消费占比最高的英国达到95%，其他主要工业国家可能

---

① REN21：《可再生能源发展报告（2019）》，https://www.ren21.net/about-us/annual-reports/。

在60%—70%之间；① 到石油时代，由于煤炭、柴薪、核能、水能等多种能源被同时利用，美国石油消费超过煤炭时占比仅为38.4%，煤炭为35.5%。② 到目前为止石油消费占比只能达到35%—45%左右，远低于此前。这与科技不断进步，可利用的能源种类不断增多、利用的方式更加多元有直接关系；另一方面是全球转型与国家转型，这是两个研究方向。当着眼国家能源转型时，聚焦的是普遍性的政治、社会、经济等问题；当着眼全球性能源转型时，是以国家为单位开展研究的，国家间能源转型进展的差异，恰恰是研究其政治影响的一个方面。

## （四）新能源市场仍不稳定

能源市场在技术、投资、政策等方面仍未脱离摸索期：一是投资仍有大幅度波动。比如，2016年，全球可再生能源投资（不包括50兆瓦以上的水电）2416亿美元，比2015年大幅下滑23%，中断了连续11年的增长势头。发达国家比上年大幅下降14%，至1250亿美元，其中美国和日本大幅下降，欧洲小幅增加。新兴经济体在2015年超过发达国家后，2016年又被反超，投资额大幅下降30%，至1166亿美元。③ 二是政府与企业的协调仍有待提升，2016年政府在可再生能源上的研发投资大幅增加25%，但企业研发投入却大幅下滑40%，导致整体研发投资下滑7%，政府与企业

---

① ［美］卡罗·A.达哈尔：《国际能源市场：价格、政策与利润》，石油工业出版社2008年版，第36—37页。

② 吴磊、詹红兵：《国际能源转型与中国能源革命》，《云南大学学报（社会科学版）》2018年第17卷第3期，第116—127页。

③ REN21, "Renewables 2017 Global Status Report," p. 111, https：//www.ren21.net/about-us/annual-reports/.

在对市场的判断上出现明显"温差"。① 近5年,全球范围爆发多次光伏企业破产潮,2016—2017年大量日本光伏企业破产,2016年美国光伏大跃进与政府补贴政策走向相关,许多企业赶在联邦税收抵免(ITC)前加快光伏投资力度,在获知抵免延期后又欲减缓投资。从全球范围看,电力系统无法同等消纳和存储可再生能源电力,必须进行升级和调整,给电力系统运营商和监管当局造成很大压力。

(五)传统能源依然坚挺

一方面,传统化石能源在不断改进能效、减少排放,在某种程度上也对新能源造成冲击。很多观点认为化石能源能效提升也是能源转型的重要内容。早在20世纪80年代,各国即加大对清洁煤炭技术研发,当前因成本等所限未能展开大规模应用,未来不排除实现某种程度的成本收益平衡,加之煤炭储量规模较大,仍可能对新能源造成一定冲击。同时,燃气发电近年来也取得长足进步,2011—2016年美国国内煤电装机总量下降15%(47.2GW),但同期燃气发电增加约40GW,如果不考虑用电消费的增额,燃气发电对煤电的简单替代率超过85%。② 另一方面,国际能源市场近年来持续供大于求,油气价持续低迷,挤压可再生能源生存空间。自2014年年中以来,国际油价长期保持在50美元左右,甚至一度低至31美元,2017年年中以来国际油价有所回升,但依然没有超过60美元。美国内页岩气革命以来,天然气价格长期走低,据预测到2029年之前都难以超过3美元/每百万英热单位的价格。采用天

---

① REN21,"Renewables 2017 Global Status Report," p.115, https://www.ren21.net/about-us/annual-reports/.

② 根据美国能源信息署历年数据计算。

然气发电、取暖十分经济，对不愿进行设备投资的企业和安装光伏发电设备的家庭具有较大吸引力。

### （六）政策调整与落实依然存在阻力

当前，并非所有国家都推行低碳环保政策，已经制定环保政策的国家也存在落实不到位的现象，部分主要国家甚至重拾传统能源政策，其中尤以美国特朗普政府政策转向最为明显。特朗普就任以来通过签署总统令、备忘录和法案等方式，加紧为能源领域重新建章立制，废除、撤回或重审十多项奥巴马时期制定的能源环保法规，签署推动美国"能源独立"行政令，宣布退出《巴黎协定》，大幅调整美国传统能源与环保政策的走向。发达国家向发展中国家承诺的减排援助和技术转让迟迟不到位，也在一定程度上制约了发展中国家的能源转型进程。2009 年，发达国家承诺到 2020 年前，每年对发展中国家援助 1000 亿美元，但近十年来的实际援助资金总额还不到 450 亿美元。[①]

### （七）新能源自身环保问题依然存在

在环境影响方面，新能源和可再生能源虽比化石能源更清洁，但并未完全解决环境污染问题，而且有可能产生新的生态破坏。修建大型水电项目需要排干河水并淹没大片田地，利用风能、太阳能和生物燃料也需要占用大片土地。在目前技术条件下，完全转向可再生能源将需要把数以亿计的森林和荒地改为风车场、光伏电站及

---

① 格普塔·乔伊迪普：《气候援助资金仍旧是谈判桌上的难题》，中外对话网，2017 年 11 月 13 日，https://www.chinadialogue.net/article/show/single/ch/10208 - Little - money - in - sight - at - climate - summit。

生物燃料用地。虽然多数新能源和可再生能源在使用过程中不排或很少排放温室气体,但其在生产过程中仍有排放,且会产生一定的有害物质。太阳能光伏发电无污染,但生产光伏电池不仅耗能高,而且通常要使用镉、砷等有毒材料,造成对水体等的化学污染。一些生物燃料比石油(汽油)或者柴油排放的温室气体更多,如氮肥的使用造成氧化亚氮(一种威力强大的温室气体)的排放,而生物燃料的无序发展不仅会加剧粮食危机,而且可能毁坏良田、草场、湿地和森林等,危及生物多样性。

综上,本章的主要创新点是对新一轮能源转型进展进行结构性分析,研究了能源转型的内生因素、外生因素、过程与结果,并回应了部分主要争议。这样分析的重点不仅在于介绍能源转型是什么,还在于解释能源转型为什么会这样。比如,经济发展水平与燃料热值关系的介绍,从根本上解释了为什么能源结构一定要转型:一旦主导能源的热值跟不上经济发展的需要,经济系统就会自动去寻找一种热值更高的能源,否则经济发展就将止步不前。这清楚地解释了为什么在化石能源看起来仍然非常稳固的情况下,经济系统中的前沿要素会努力转向替代能源。能源转型的过程与结果一节虽然不长,但为下文关于能源转型政治周期的论述埋下伏笔。关于能源转型的所有预测并不是在同一时间统一出现,这一过程中政治效应也将有不同的呈现。最后,人类社会始终是在不确定中发展、前进的,未来结果有很大的开放性,对能源转型政治效应的研究也必须遵循客观、理性的原则。不能像"环保少女"那样,用极端立场去看待能源问题。

# 第五章　国际能源政治新秩序的表现和形成

历史表明,国际能源政治的演进既可以是内容上的变化,也可以是结构上的变化。但是,只有结构上的变化,才能被界定为质的变化,并决定国际能源政治是否演进到了新的阶段。考察能源转型对国际能源政治演进的影响,关键要看是否在结构上引起了变化。借助本书第一章提出的分析框架,能源政治的结构变化应该从驱动机制、互动单元、基本原则、基本安排、基本内容和互动方式等方面进行考察。

## 一、驱动机制的变化

化石能源条件下,国际能源政治的动力主要来源于人类社会对化石能源的高依赖性,以及化石能源本身的稀缺性、地缘性、垄断性和负外部性。国家要克服或利用这些特性,来实现自身能源安全,并以能源安全为杠杆撬动其他政治利益,从而形成了能源政治。因此,能源权是国家权力的重要内容。可再生能源条件下,上述内容可能发生根本性调整,最终能源与国家权力的关系也可能随之发生变化。

## （一）稀缺性的调整

迄今为止，人类所使用的主要能源都存在稀缺性特征，燃料短缺阻碍发展是一种常见的历史现象。17世纪初，荷兰资本主义进入高速发展阶段，殖民活动拓展到纽约、开普敦、马六甲，成为第一个资本主义国家。荷兰国内同样面临木材短缺问题，人们使用泥煤作为主要燃料，但泥煤只能应付即时的燃料需求，无法提供足够的热能。无法找到更高效的替代能源，成为荷兰丧失领衔工业革命的一个重要原因。18世纪，煤炭产能不足也制约了法国等欧洲大陆国家的发展，1800年英国煤炭产量达到1100万吨，同期法国煤炭产量只有英国的十分之一，英国在能源供给上取得了绝对领先。① 进入20世纪后，关于石油供应不足的问题更是广为人知。需要指出的是，同历史上的木材和煤炭的绝对短缺相比，石油短缺更多是政治性短缺。第一次石油危机期间，西方国家因为石油短缺导致油价飙升，但1971年世界石油仍处于供大于求的水平，总产量约比总需求多1.2亿桶左右，远远没有达到绝对短缺的程度。②

上文列举的例子包括绝对性短缺和政治性短缺两种情况。如果细分的话，绝对性短缺又包括普遍性短缺和地区性短缺，到目前为止人们还没有遇到过全球性短缺，17世纪的荷兰和18世纪的法国都属于地区性短缺。政治性短缺包括因为石油禁运、市场管制等政治限制措施导致的实际短缺，以及以潜在的绝对性短缺为由制造恐慌情绪的隐性短缺两种情况，前者典型的例子是70年代石油危机

---

① ［美］阿尔弗雷德·克劳斯比：《人类能源史：危机与希望》，中国青年出版社2000年版，第88—89页。
② EIA, "World oil supply and demand, 1971 – 2018," https://www.iea.org/data-and-statistics/charts/world-oil-supply-and-demand-1971-2018.

中的西方国家,后者典型的例子是制造资源紧张情绪的罗马俱乐部。罗马俱乐部曾发表研究报告《增长的极限》,预言经济增长不可能无限持续下去,因为石油等自然资源的供给是有限的,这一预测在全世界引起了持续至今的大辩论。除政治性短缺外,还包括经济性短缺,即由于市场的资源配置功能缺失导致的能源供给不足,委内瑞拉是世界首屈一指的石油大国,但2019年却频频出现缺油,除外部制裁因素外,其国内经济崩溃是主要原因。

只要有政治博弈和市场活动存在,市场就一定会出现短缺问题,预计未来的可再生能源市场也不会例外,只是其表现方式将与化石能源存在很大不同。包括以下几个方面:

第一,短缺的是技术、原材料而非能源本身。可再生能源供给主要是靠技术而不是储量来决定,太阳能、风能、水能等因为不会枯竭,其供给成为常数,边际成本为零。决定能源供给量的是转化、存储、分配等技术,以及生产设备所使用的原材料,技术和原材料供给不足会间接导致能源供给不足。化石能源条件下,供应是否充足的决定性因素是能源本身。在能源开发的前期,先进技术可以采掘更多能源,但随着能源存量的减少,技术进步——包括采掘技术和能效技术——所能产生的实际效果越来越小。

第二,通过政治手段制造短缺的效果更加复杂。化石能源条件下,能源必须持续输入才能确保系统运转。因此可以通过油气禁运限制一国的能源供给水平,一旦被制裁国储备能源消耗殆尽,就必须采取让步换取放松制裁、缔结新联盟、寻找漏洞等方式获得能源供给,制裁可能会收获很好的效果。可再生能源条件下,一旦某国实现了某一水平的能源供给,理论上就可以长期保持下去。对该国实施技术禁运,只能保证该国的能源供给水平不上升,并不能迫使其下降,除非进行直接破坏。部分耗材可能依赖进口,但耗材的生产可能遍布全球,要实行禁运难度大于石油。对可再生能源系统进行直接破坏的效果要好于对化石能源系统的破坏,前者过于依赖复杂的电力网络，破坏一个关键节点就可能破坏整张网，后者的独立性要好很多，必须进行大规模直接攻击。

## （二）地缘性的调整

在不少观点看来，能源地缘政治代表了国际能源政治的主要内容，对能源地缘性的调整，可能是能源转型影响国际能源政治最具实质性意义的一个方面。这种影响主要表现在三个方面：

第一，地区性差异弱化。以太阳能和风能为例，这两种自然能的地理空间分布要远比油气资源更平均，大部分国家都能越过实现能源自足的"门槛水平"。在一定的技术水平下，只要日照和风力达到相应水平就可以满足能源所需，并且随着转化效率和储能技术的提高，对基础日照和风力指标的要求会逐步降低。这将进一步降低日照和风力地区差异所带来的影响，降低那些拥有更丰富日照和风力资源的国家微弱优势。国家间差异将主要通过技术差异来体现，本书将在后文进行论述。

第二，杠杆作用弱化。能源越容易在地区间进行配置，就越容易发挥杠杆作用，得以撬动其他利益。化石能源的地缘性，很大程度上是通过全球能源贸易发挥作用的。17—19世纪，煤炭是主要工业燃料，但却很少有人去关注煤炭的国际政治影响，主要原因是煤炭不方便进行远距离运输。18世纪中期英国的煤炭产量尽管占全球的近90%，但英国并未将煤炭作为重要的地缘政治杠杆来使用，反倒是煤炭产量不如英国、身居欧洲大陆中央的德国利用煤炭出口来笼络周边国家。[1] 今天，如果没有大型油轮、LNG运输船和陆上油气管道在全球转移油气资源，能源地缘政治的色彩要逊色很

---

[1] Walter H. Voskuil, "Coal and Political Power in Europe," Economic Geography, Vol. 18, No. 3, Jul., 1942, pp. 247–258.

多。新的能源系统中,电力是主要的能源载体,但电力不适合进行远距离输送。在欧盟等一些能源消费集中的地区,由于跨国电网的存在,使得跨国间能源调配成为可能,但这种调配更多的是一种相互"拆借"。这也就导致了间接地缘政治。

第三,间接地缘政治的出现。尽管可再生能源本身可能不具有明显的地区性差异,但转化这些能源所需要的原材料,特别是制造发电、储能、管理设备的稀土原料存在明显的地区性差异,对这些地区的争夺从某种意义上来说类似于化石能源政治。全球稀土矿主要分布在中国、美国、澳大利亚、巴西等国,但这些国家大部分实施稀土保护政策,使得政策相对宽松的南部和东部非洲成为各国争夺的主要焦点。能源地缘政治的另一种可能是出现"化石能源地缘政治的镜像",从争夺中东等化石能源的"高地",转为利用发展中国家等能源技术的"洼地",通过技术、资本、标准等输出,实现地缘政治目的。因此,可能会出现"再地缘化"或新的"南北分割"。[①] 目前,发达国家是可再生能源技术创新的主力,也是可再生能源应用的主要市场。未来,发达国家仍可能运用市场优势重建垄断,将传统化石能源的地缘特点换一种方式带到新能源时代,催生新型"能源地缘政治"。尽管技术扩散难以阻挡,但发达国家可能通过各种手段延长技术扩散的周期、限制扩散的范围,并且拒绝履行援助责任。

(三) 外部性的调整

以化石能源系统的标准看,可再生能源没有直接排放和污染,能源转化效率、投资效率都较高,市场竞争性强,市场波动性低,

---

① 李昕蕾:《全球清洁能源治理的跨国主义范式——多元网络化发展的特点、动因及挑战》,《国际观察》2017年第6期。

生产、运营、管理过程寻租空间小,具有相对较低的外部性。能源转型或将目前覆盖全球的能源市场切割成覆盖范围较小的地区性交易市场,全球性价格指数被地区性指数替代,大幅降低能源价格变动对全球经济的系统冲击效应。

但可再生能源将产生其他形式的负外部性。可再生能源更加分散,利益主体和治理主体更多,并不一定同全球能源治理的目标相一致。各国政府既要发挥好非政府机构在促进能源转型、低碳环保中的积极作用,也要对妨碍公共利益的行为作出规范。从目前治理非政府组织的经验看,这显然是一项艰难的工作。可再生能源具有更加明显的市场化特征,市场在投资、运营、定价等方面发挥的决定作用更加明显,政府不易管控,全球性能源治理机构也很难从整体上进行协调。

此外,化石能源在作为资源使用时,仍具有不可替代性。当前的能源转型,主要是能源作为燃料的转型,能源作为资源的转型远远没有完成,石化行业仍然需要大量的化石资源才能进行生产,各国仍将围绕资源进行激烈争夺。能源转型的技术探索过程可能会产生重大挫折。目前,能源转型的方向仍然没有确定,但光伏、风电等可再生能源发展吸引了大量公共和私人补贴,享受大量政府补贴,一旦被证明技术路线存在误差,那么这些投资和补贴可能都将浪费。能源转型市场化的过程越晚,产生挫折的可能就越大。

(四) 依赖性的调整

依赖性指的是经济社会系统与主要能源的关系,是主要能源在经济社会系统中地位的体现。[1] 我们今天高度依赖化石能源,人们

---

[1] 周云亨等:《能源安全观演进与中国能源转型》,《东北亚论坛》2018 年第 6 期,第 80—91 页。

无法想象一个社会离开石油如何运转。化石能源时代最热门的话题就是对石油的依赖，以及这种依赖所带来的种种不确定性。石油进口国担心进口占比过高，会让国家处在不安全之中。按照线性逻辑，可再生能源取代化石能源，是否意味着能源系统应该从依赖石油转向依赖可再生能源，后者的丰裕程度将决定一国能源安全的水平？

从主要能源种类角度看，能源转型的确意味着人们将从依赖化石能源，转向依赖可再生能源。但这种依赖不是简单的复制，依赖关系的内容、方式、程度，甚至是依赖的性质本身都将发生变化，以至于可能不能再用"依赖"一词来形容新的能源种类与经济社会系统的关系。前文已经做了分析，能源转型不仅是主要能源种类的变化，更多的是能源系统的转型，每一次转型都会带来许多新概念，改写或擦除一些旧概念。比如，石油成为主要能源、石油贸易成为全球性贸易后，带来了对能源的依赖这一概念。这在工业主要靠煤炭和木材驱动，燃料主要在小范围内转移，社会生活方式对电力的依赖还没有那么显著的时代，是很难理解的。木材在它的时代里对经济社会系统很重要，但远远没有石油在今天这么重要。就像经济全球化爆发式增长前，各国也存在相互依赖关系，但远远没有今天这样依赖。

能源系统的多元化发展决定了人类社会会降低对任何单一能源种类的依赖，并且依赖本身所带来的不确定性也会大幅降低。风能丰富的国家可以多用风能，日照充分的国家可以多用光伏，氢能技术先进的国家可以多用氢能，化石能源丰富的国家可以继续使用化石能源。同时，一国对能源进口的依赖性会更加多元，不确定性也会降低。一国既可以直接进口能源，也可以通过进口能源生产技术来生产能源，国家能源安全系于单一方向的可能性更低了。

但必须要指出的是，依赖性降低的过程是曲折的。欧盟能源转型在全球进展最快，按逻辑应该能够提升其能源安全的水平。但从

2021年的情况看,这种转型不是促进了欧盟的能源安全,而是降低了。欧盟因为对天然气的消费增加,导致其能源安全过于依赖俄罗斯。欧盟反而成了全球能源市场最紧张、能源安全感最低的地方,书写了能源安全与能源转型的"悖论"。

## 二、互动单元的变化

第三章根据不同主题和视角,划分了4类约13种国际能源政治参与主体。从能源流向看,包括能源出口国、能源消费国、能源过境国。从参与方政治属性看,分为主权国家、多边组织、非政府组织。按照南北关系看,包括发达国家、新兴和发展中国家、不发达国家。如果研究能源市场问题,还应关注大型石油公司、能源资本以及各类能源市场中介。此外,全球知名的能源研究机构也能对国际能源政治产生影响。能源转型对这些主体都会产生影响,这些主体本身影响力的升降、相互关系的变化,以及新参与主体的出现都是能源转型影响国际能源政治的直接表现。

### (一)出口、过境、消费关系仍将长期存在,但三者关系结构将出现再平衡,重要性也将下降

出口国通过控制产量影响价格,维持更高收益;消费国依靠市场、战略储备和其他手段获得合适的价格和稳定的供应,双方基本上是势均力敌的关系,尽管波动频繁,关系却相对稳固。能源过境国的处境各不相同,有的善于经营两边渔利,有的则沦为两头打击的对象。能源转型条件下,石油和天然气即便让出主要能源地位,仍然将作为主要能源长期存在,就像煤炭目前仍然是许多国家的重要能源一样,石油和天然气仍然是最重要的化工原料,非能源需求

较长时期内都具有刚性。油气大宗商品贸易将长期持续，出口、过境、消费经典分类仍然合理。但是，由于替代性能源的出现，会打破当前出口国和消费国之间的平衡关系，如果现在的能源出口国不改变国内经济结构，仍然高度依赖出口，将在未来的国际能源关系中变得越来越弱势，甚至沦为普通的大宗商品出口国，遭到消费国剥削。① 能源消费国可选择面更大，特别是对外部油气输入的可持续性要求更低，将处于更有利地位。三方关系将因此出现不稳定状态。

（二）南北能源关系的主要内容将发生调整，可能成为国际能源关系的主要方面

当人们讨论化石能源关系时，一般不会按照发达国家、新兴和发展中国家、不发达国家的模式进行分类，而是按照化石能源的链条进行分类。能源转型后的世界，能源转型与技术、资本、市场密切相关，是能源问题，更是发展问题，届时人们可能更多按照国家的发展程度来进行探讨，也就是从南北关系的视角出发来进行研究。② 而一旦涉及到南北关系，政治问题的属性就变了。新兴和发展中国家、不发达国家在化石能源系统中受制于发达国家，很难突破现有规则体系。但部分新兴国家在能源转型中占据领先位置，对发达国家存在"超车"现象，双方由原来的规制与被规制，变为平等的竞争关系。其他发展中国家、不发达国家需要外部资金和技术援助，新兴技术领先国家和发达国家将在这些地区开展激烈竞争。双方从化石能源时代的"抢油"变为可再生能源时代的"抢

---

① Daniel Scholten, Rick Bosman, "The geopolitics of renewables: exploring the political implications of renewable energy systems," Technological Forecasting and Social Change, Volume 103, February 2016.

② 赵宏图:《新能源观》，中信出版社 2016 年版，"前言"。

话语权""抢规则",是一种明显转变。从整体看,由于传统生产和消费关系重要性的下降,南北关系的重要性将相对上升。

(三)能源市场中介作用可能下降,能源企业的影响力被分散,能源资本继续扮演重要角色

可再生能源的全球交易市场与油气有很多不同,电力本身可能存在区域交易市场,相关制造设备的报价与交易多数通过双边贸易直接进行,投机性较低。期货市场是矿产资源报价形成的重要机制,但其规模可能很难匹敌现有的化石能源期货市场,特别是很难形成像北海布伦特、西得克萨斯那样的报价机制。有些矿产资源的全球分布比石油更加集中,很可能出现几家企业控制某种矿产全球大部分产能的现象,定价完全由供需双方通过谈判来确定,生产者有更大话语权,最终形成的可能是长期价格。因此,期货交易所等能源市场中介对可再生能源市场的作用可能会下降,至少波动不会像油气市场一样频繁,幅度也更小。可再生能源发展将进一步压缩油气资源的利润空间,部分领域可能只有大型企业才能以规模效应扩大利润,部分领域则需要又小、又灵活的中小企业才能生存。但总体看大型油气垄断企业的地位将明显下降,影响力被分散。越来越多的油气能源企业转型投资可再生能源,不仅符合能源转型方向,也是经营所需,因为后者经营的稳定性和持续性相比化石能源更高。可再生能源研发与生产需要的资本量更大,能源资本将在能源实体经济中扮演更重要的角色,但操纵能源金融特别是投机金融中的机会更少。

(四)多边组织的作用可能会显著上升

可再生能源的低政治属性可能为国际合作释放更多空间,各方

更容易实现妥协。但仍然将明显受制于国际政治大气候,如果未来一个时期国际多边体制整体发展前景黯淡,也很难指望能源合作能够取得多少进展。

## 三、基本原则和基本安排的变化

能源政治研究的基本任务是把国际政治学的一般原则运用到能源领域中,并根据能源政治的独特性质对这些原则重新加以表述、修正和规定。其中的基本政治原理具有高度的普遍适用性,不管从什么角度进行解释,都不会因为主体的变化而变化,但不同主体对基本原则的应用会有很大差异。同时,因为主体的变化,还会产生一些新互动原则,主体之间也会出现新的安排。

第一,各国仍需自助解决能源安全问题,但自助的方式将由外部输入转为内部拓展。国际政治的基本特征是无政府状态,作为国际政治的一个功能领域,能源政治不可能单独克服这一问题,仍要遵循基本原则。但是,能源转型可能使各国的自助方式发生变化。比如,油气能源条件下消费国只能通过外部拓展解决能源问题,但能源转型将赋予消费国通过内部拓展来解决能源问题的可能,这将是对国际能源政治的巨大调整。这有点类似于核武器出现后"均势"战略的变化:核武器出现之前各国只能通过外部扩张等方式打破"均势",但核技术出现后各国理论上可以通过在国内生产核武器的方式打破"均势"。

第二,能源权力是国家利益的核心内容,但获得权力和应用权力的方式将更加多元。能源的基本政治属性决定了它在国家利益中的核心地位,获得更多能源权力仍然是各国开展对外政策基本方向。能源转型推动主要能源的自然属性发生重大变化,能源权力将更多是一种内生力量,而不是化石能源下的外生力量。比如,化石能源权力的大小很大程度上取决于一国可以支配多少能源，因此不仅要自己够用，还要尽可能多占，这就加剧了地缘竞争。在可再生能源条件下，能源权力的大小不在于能支配多少能源，而在于占有生产能源的技术，后者是无形的，内化在一国的基本实力中。并且，技术突破并不是连续的，当一个技术突破被掌握时的收益是跃升式的，但之后边际收益就降为0。对原材料的占有尽管仍然重要，但具有很大不确定性，不如占有石油那样可靠。比如，用于生产电池的钴矿石是可再生能源，又是重要战略资源，但目前有些企业正在试图开发降低钴用量的技术，降低钴的战略重要性。

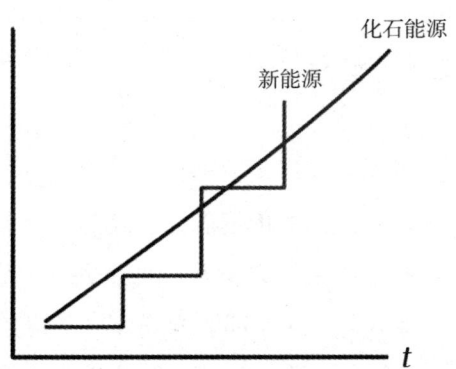

图5—1 化石能源和可再生能源效益对比

第三，基本安排仍是根据实力和功能划分的等级制，但等级差异变小。尽管国际政治存在无政府状态，但国家间实力和禀赋差异明显，导致国家间出现明显的等级差异，处于结构顶端的国家影响力最大，获得的利益最多，但也需要向国际社会提供部分公共产品。各国在能源转型中发展快慢不同，总体看发达国家仍将处于第一序列，新兴国家处在第二序列，不发达国家发展水平可能最慢，基本上仍延续此前的顺序，但发达国家和发展中国家的差异远没有石油那么大。此外，划分的标准也在发生变化。石油政治中，美国在硬实力和软实力方面具有绝对优势，决定其顶端位置。中国和欧洲在可再生能源上具有技术、市场、资金优势，但这些并不能直接转化成政治实力。

## 四、基本内容和互动方式的变化

由于驱动机制、互动单元和基本安排的调整，国际能源政治互动的内容和方式也必然发生变化，其中一些对石油政治来说可能颇具颠覆性。

### （一）价值观的变化

之所以以转型对国际能源政治进行阶段性划分，是因为转型后的政治具有明显区别于此前的价值观，也就是开展能源政治互动的目标不同。比如，石油占主导的今天，政治家经常会问："我的能源供给安全吗""会不会受到外部能源遏制""我如何使用手中的能源权力"。能源安全就是国家安全，对能源政治的考虑主要是从安全和权力角度出发的，更注重探讨政治互动对国家安全和权力的影响。在煤炭、柴薪时代，很少有这样的考虑。如果可再生能源成为主导能源，政治家的问题可能变为"能源网络有哪些薄弱环节""对外能源贸易、投资和技术合作如何促进我国的国际战略"。能源与国家安全、国际权力的联系变成一种间接联系，尤其是能源与权力联系的链条更长。人们一提到石油，就会马上想到国际政治，但当人们提到电、太阳能、风能，更多的是想到技术、市场、社会生活，可能只有一些非常狭窄的领域才会将可再生能源与国家安全、国际权力联系起来，尽管这种联系仍然是十分必要的。

## （二）从相对利益到绝对利益的变化

政治哲学认为，当国家间进行合作时，它们最关注的是利益如何进行分配。① 化石能源总量有限，用于输送能源的通道也有限，因此化石能源政治更多关注获取相对利益，也就是说计算自己所得是否多于别人所得，相对利益越大，政治互动就越成功。只要一国在博弈中得到相对较少的利益，基本就意味着失败，而无论相对少多少，因为不可能再创造更多化石能源。可再生能源总量无限，技术永远存在进一步提升的可能，因此可再生能源政治更关注绝对利益，更多考虑自己在合作中是否有所得，只要有所得，就可以实现改善。想象两个国家陷入冲突，如果两国都以石油为能源，占有石油多的国家相比少的有绝对优势，这种优势对冲突具有决定性意义，因此两国高度关注对方占有多少能源，是否比自己的多；如果两国都以可再生能源为主，更关心己方是否具备相应能源技术，尽管双方相对差距仍会从某种程度上影响冲突的结果，但可能不具有决定性意义。

## （三）市场化手段更加重要

实现能源安全的方式，从主要依靠军事、政治手段转向更多依靠市场等手段。即便是在和平时期，为获得实物性质的化石能源，也必须维持一定的军事和政治手段。多国海军在索马里海域常态性巡航，途径南亚和中亚地区的陆上能源通道常年需要军事力量维护安全，欧佩克和发达国家关于油价、产量的博弈无时不在。但可再

---

① ［美］肯尼斯·华尔兹著，信强译：《国际政治理论》，上海人民出版社2008年版，第66页。

生能源相关技术和设备却可以通过正常的国际贸易获得。在战争状态或政治紧张时期，要大规模进出口化石能源难上加难，如伊朗石油出口严格受限，委内瑞拉能源生产受限危及了国家政治安全。但在同样条件下，通过轻便渠道依然可以交易可再生能源需要的技术和中小型设备。因此，各国可能不需要常备大量军事和政治资源用于确保能源安全。一些战略性航道，比如波斯湾、霍尔木兹海峡和许多能源航道的作用将显著下降。大型油轮、液化天然气轮的需求降低，造船金融、航运体系等也将发生显著变化。

## （四）更可能实现国际调和

化石能源竞争往往是零和博弈，参与方很难妥协，各国的竞争相比其他领域更加激烈。二战后建立的国际机制对国际安全、贸易、金融等诸多领域都进行了规范，许多地区建立了区域性协调组织，但严重缺乏全球性的能源规范机制，已经建立的部分机制存在巨大缺陷。可再生能源的新属性让一些领域的双赢成为可能，因而更容易促进国际调和，使得各国在能源领域的合作更容易实现"多边多轨共赢"，并且更符合各国的长远利益。[①] 未来全球能源治理可能从理念、对象、工具等方面出现较大调整。

一是治理理念的调整。一般来说，各方参与全球治理无外乎功利主义和世界主义两种，前者主要为实现以能源安全为主的利益目标，后者则是为了使全球得到更好的善治。在能源结构调整趋势下，全球能源安全环境将得到普遍性改善，能源消费国有可能从追求能源安全的压力中解放出来，将精力和资源用到其他方面，进而对能源治理的理念产生重大影响。由此可能会出现两种情景：一种

---

① 王缉思：《新能源领域合作符合各国长远利益》，新浪财经，http://finance.sina.com.cn/hy/20130802/151116329448.shtml。

是世界主义的治理理念盖过功利主义，将可持续发展水平提升到更优先的位置上，辅以能源利益冲突的缓和，推动全球能源治理实现更高水平发展。另外一种是能源政治仍保持其现实主义的面目，为追求技术、市场和投资而展开新的争夺，继续在可持续发展责任上相互推诿，导致全球能源治理仍然在较低水平上徘徊。尽管两种情景表现不同，但能源安全的内涵都将发生本质变化，主要国家或从追求相对能源安全转向追求绝对能源安全。

二是治理对象的调整。在化石能源时代，全球能源治理调配的对象是能源本身，而化石能源是有形实物，在全球的调配需要克服时间和空间限制。最明显的例子是，虽然美国油气生产大幅提升，但无法实现对欧洲大规模出口，后者仍需从俄罗斯进口天然气，美国生产天然气无法有效发挥杠杆作用，对美俄欧政治影响有限。而可再生能源时代治理的对象主要是技术、信息、规则等无形物品，调配周期要短得多，且没有空间限制。一国对另一国进行技术援助，可能只需要通过云存储共享参数、通过银行划转资金即可，所需硬件通过实现标准化生产，可以选择合适的产地进口。因此，未来的全球能源治理可能实现"脱实向虚"，体现足够灵活性优势。国际发展合作将成为能源合作的重要方面。目前，受基础设施建设等条件所限，全球仍有约14亿人无法使用现代能源，能源脱贫是可持续发展的重要内容。在可再生能源时代，能源的分布式生产、小型化生产使得个人更容易获得现代能源，更容易实现能源基础设施脱贫，援助可再生能源技术和设备远比援助大型石化设备和大型输电网容易得多。

三是治理主体和治理工具的调整。第一，政府的角色将更加积极。石油行业崛起同当时工业化大发展相互促进，更多是市场行为，对政府的依赖性较低。而可再生能源自身竞争力不足，化石能源仍然强劲，在缺少政策支持情况下，短期内可再生能源难以获得足够市场地位。出于气候治理和抢占竞争力高地需要，政府不能完全把可再生能源扔给市场，必须在相当长一个时期内扮演推手角色。第二，新型非政府组织和公私合作组织作用提升。在石油市场上，发挥协调作用的主要是类似国际能源署和欧佩克这样的政府间组织。在可再生能源时代，基础设施建设需求充分凸显公私合作模式的优势，大量本地和国家间合作项目需要通过该模式完成。同时，非政府组织特别是大型企业的态度对能源转型至关重要，有助于加速能源市场结构转化。第三，治理工具新旧交替。美国能源生产扩大削弱欧佩克产量配额工具的作用，发达国家能源消费占比下降削弱国际能源署战略储备的作用，技术储备、市场准入、资金储备等市场手段或将成为新的治理工具，贸易和金融手段的作用将更加凸显。

## （五）政治失衡与平衡状态的变换

政治博弈是个连续的过程，失衡与平衡交替出现。只有不断重复，才能证明这是一个稳定的结构。如果只有失衡，没有平衡，那么这种结构将是不稳定的，很难长期存在。能源供给危机、能源价格巨幅波动、能源协调模式的破裂等都可以被视作国际能源政治的失衡状态，连续供给、价格基本稳定、能源协调模式保持运行属于平衡状态。过去 100 多年来，国际能源政治不断重复失衡与平衡过程。目前看，失衡一般是由外部冲击造成的，两次石油危机的原因都是地缘政治冲击；2020 年初国际石油价格历史性波动现象的原因一开始是美国、俄罗斯、欧佩克协调模式崩溃，后来则是新冠肺炎疫情造成的公共卫生事件。可再生能源政治会出现政治失衡吗？能源政治必将在一个新的状态下达到平衡，这一新状态与可再生能源的新属性，互动单元的新变化及新特点，以及政治互动的基本原则、安排和内容密切相关。新平衡将在能源技术取得一定突破，进入平稳发展期时实现，这时主要国家能源实力对比相对稳定、能源贸易有序开展。能源技术新的重大突破和经济动荡将作为冲击能源政治平衡的主要内外部原因。此外,从失衡回归平衡的过程,可能以市场自发治愈、恢复作为主要动力,国家间需要联合起来创造条件,类似化石能源政治那样的直接协调可能作用并不明显。

## 五、能源安全观内涵与外延的变化

能源安全是20世纪70年代两次能源危机期间被提出的概念,主要从能源消费国的角度看问题。1985年,国际能源署将能源安全定义为适度成本获得充足的能源,特别是石油的足量供应,[①]体现出能源供应安全在传统能源安全中的核心地位,得到大多数能源消费国特别是经合组织成员认可。可再生能源的快速发展,能源安全定义的基本内涵虽然仍然适用,但应该对"适度成本获得充足能源"做出调整。化石能源时代充足能源主要指的是能源本身,可再生能源则主要指的是能源转化技术和存储技术,以及相关设备。能源供应安全转变为能源转化和存储安全,能源外部输入转向国内生产。因此,从消费国角度看,能源安全定义可以修改为:以适度成本实现可靠能源转化与存储,以获得充足能源供应。一旦能源转化与存储技术取得重大突破,使人类迈过能源相对供应不足的门槛,能源安全的定义可能需要再次调整。

从能源生产国看能源安全的视角可能有所不同。对油气生产国来说,能源安全意味着以尽量高的利润获得稳定的外部能源市场份额和持续的内部生产。能源转型将消除化石能源时代消费国与生产国之间的强依赖关系,更多国家成为能源生产国,实现自给或出

---

① 周云亨等:《能源安全观演进与中国能源转型》,《东北亚论坛》2018年第6期,第80—91页。

口，进出口国之间形成弱依赖关系。在能源转型的过渡期，化石能源生产国的主要能源安全问题将转化为如何消化剩余化石能源产能，长期则需要向可再生能源转型。此外，能源金融、能源科技、能源治理、能源与环境、能源与社会发展等非传统能源安全问题不断丰富能源安全的外延。特别是在可再生能源条件下，能源金融和能源科技的作用更加凸显。

能源转型对能源政治的影响是多方面的，如果不进行结构性分析，容易被困在具体的历史事件中，无法发现相关变化的层次和意义。从结构层面对能源转型的政治影响进行分析，是本书的核心内容。运用能源政治的分析框架研究发现，能源转型将导致国际能源政治的驱动机制、互动单元、基本原则、基本安排、基本内容、互动方式的重要变化，其中驱动机制和基本原则的变化将是根本性的。其中最关键的变化是，对一国而言实现能源安全的方式将从外部输入转化为内部拓展，能源价值观将从追求相对利益转向绝对利益，这可能直接改变国际能源政治的面貌。

# 第六章　国际能源政治的周期效应

任何历史变革都需要经历一定的演化周期，不同的是有些周期漫长，有些则是在较短时间完成。能源转型是一项重大变革，技术进步和政治上的调整都需要周期，但两者步调往往并不一致。有些设想中的政治影响可能迟迟不出现，有些政治影响可能在技术变革尚处在初期时就已经很明显，其中一些可能会颠覆我们的基本认识。因此，仅仅从一些横切面上做研究是远远不够的，需要在纵向上进行历史研究，通过时间线把它们串起来，研究其中的先后顺序、因果关系，以及未来趋势。

## 一、历史周期

人类很早就认识了煤炭和石油，但对它们的大规模工业化应用到最近300年左右才出现。[①] 按人类历史划分时间线，300年占比不到1%，按目前考证的人类文明史划线，也仅占不到5%。目前，我们已经接近化石能源消费峰值，化石能源的技术周期正在从成熟

---

① ［美］阿尔弗雷德·克劳斯比：《人类能源史：危机与希望》，中国青年出版社2009年版，第65页。

期向晚期过渡，页岩油气技术可能将是倒数第二次重大创新，能效技术的边际效应已经十分有限；市场周期处在稳定期，自从20世纪80年代期货交易出现以来，已经有40年没有出现过大的创新；文化周期随着西方进入后工业化时代，也已经进入晚期，社会整体对化石能源的兴趣极低；政治周期长期处在稳定期，自从两次石油危机以来，还没有出现过大的政治调整，未来如果不发生重大外部冲击，单凭油气领域自身将很难出现大的调整。

即便按目前最保守的估计，假设油气作为主要能源还将经历50年，总体还可供人类消费100年，那么油气工业化消费的总周期也不过150—200年，这与人类历史上曾经历的其他变革相比实在是太短了。人类大概在旧石器时代就已经学会使用柴薪生火，到17世纪才开始较为大量地应用泥炭；欧洲的农民大概在7世纪发明两个轮子的农具，到10世纪发现三个轮子更高效，增加一个轮子就用了300年；欧洲人16世纪晚期认识电能，到19世纪20年代才发现电磁学；纽科门1712年发明蒸汽机，到瓦特改良蒸汽机出现经历了整整50年。① 因此，从绝对值上看，油气能源变革很明显是一次短周期。与油气所创造的辉煌相比，这一周期的长度明显是不相称的。

其一，科技进步和全球化的加速效应，使得很多历史周期都缩短了，并不仅仅是油气领域。比如，正是由于进入了石油时代，才导致两次世界大战的时间大大缩短，否则以那样的战争规模，可能至少需要30—50年才能初步分出胜负，而两次大战加起来一共不到15年，随后的核威慑使得70年来全球再也没有爆发大规模战争。全球化大大加速了石油的消耗速度，如果没有全球贸易，沙特的石油储量供其消耗的时间可能超过数百年。

---

① ［美］阿尔弗雷德·克劳斯比：《人类能源史：危机与希望》，中国青年出版社2009年版，第65页。

其二，油气资源本身有限，即使到最后一刻仍然有较高的经济性，但资源枯竭使得人们不得不放弃，而且必须提前放弃以实现可持续性。危机意识推动各国提前考虑替代能源，欧洲在"能源转型"一词还没有进入学术界主流视野时，就已经开始研究能源安全问题。

其三，其他技术对油气产生挤出效应，导致油气的历史周期还可能更短。挤出效应是指某一类型的能源增长导致其他种类能源消费减少，或者需求增速相对放缓。最早对油气发生"挤出"的是水电，然后是核电，现在则是风能和太阳能。从目前看，风能和太阳能建设速度明显超过能源需求增速，对化石能源形成了明显的挤出效应。

其四，其他政治性考虑，使得放弃油气资源变得有利可图。近三十年来的政治性压力主要来自气候变化。在欧洲，减少油气消费、增加可再生能源消费可以换来选票。

只有石油一个周期还不足以得出具有足够说服力的结论，此处再对煤炭作为主要能源的周期进行一个简要回顾。荷兰是最早萌发资本主义的国家，为满足生产需要，荷兰自17世纪开始大量使用泥炭，此处可以算作碳这种燃料被人类工业化利用的开端。18世纪爆发工业革命，煤炭在英国、西欧和美国被大规模工业化应用，煤炭是比泥炭热值更高的一种碳。工业化地区和非工业化地区对碳的消费差距很大，但全球平均来看，煤炭已经成为主要能源。到20世纪中期，石油在美欧基本取代了煤炭的位置，到20世纪60年代在全球取代了煤炭的位置。但目前煤炭仍是一种重要燃料来源，在包括中国、美国、印度，以及其他许多发展中国家都占据重要位置。从时间线上看，从自然界开采的碳作为主要能源的周期已经经历至少300年，全球碳储量按目前消费水平，还可以再消费

80—100年。① 因此，碳作为一种燃料，被大规模工业化利用的周期至少有400年。其中，有200年时间与石油重叠。煤炭单独发挥作用的前200年时间里，其政治影响远远小于石油，原因是：工业革命主要在美欧爆发，英国和美国自身煤炭资源丰富；煤炭不易进行跨国运输，经济性较差，也没有形成全球性的煤炭需求；18、19世纪，欧洲有更重要的政治问题需要解决，部分掩盖了能源差异带来的问题；煤炭问题没有与复杂的地缘问题捆绑；缺少外部因素刺激。

对比一下柴薪、煤炭和石油，可以得出以下简单结论：

一是周期不断缩短。从柴薪工业化应用的几万年，到煤炭工业化应用的几百年（非工业化利用的历史为数千年），再到石油工业化应用的两百年左右。天然气作为石油周期的尾部，持续时间预计不超过100年。从数量级上来说，以百年为单位。相比其他宏大的历史转型，这都是短周期。同时，一个完整的周期内部又可以分为萌发期、成熟期和衰退期。煤炭的萌发期非常漫长，成熟期非常短暂，衰退期又非常漫长。石油作为燃料的萌发期非常短暂，很快就进入到成熟期。预计石油在耗竭之前会一直扮演重要作用，可能不会有很明显的衰退期。

二是发挥的作用迅猛提升。煤炭远远超过了柴薪，石油又远远超过了煤炭，煤炭可能仅仅改变了生产方式，石油对整个人类社会的改变深入到了最基本的层面。

三是新旧周期间相互重叠。到目前为止，柴薪、煤炭都没有完全结束其周期。柴薪来自生物质，从理论上来说永远不会结束。煤炭和石油周期结束的时间现在可以大致估算。没有绝对意义上的起点和终点，未来我们也不可能完全"杜绝"石油消费。

四是政治周期与技术周期、经济周期、文化周期并不完全一

---

① 根据公开数据推算。

致。经济周期与技术周期一般同步出现，然后是文化周期。政治周期的出现有很大偶然性，煤炭政治周期始终不太明显，石油政治周期要比北美石油大发现（19世纪末）晚30年左右（20世纪30年代）。

五是供给改革是推动周期兴衰的关键，而不是需求。在不能无限度压缩工资和地租的情况下，资本只能通过技术进步获取更高利润，这是推动技术进步、工业革命的原动力。能源领域也一样。资本主义17世纪在欧洲萌芽，是资本主义孕育了蒸汽机、内燃机，后者推动资本主义不断发展壮大，而不是相反。

## 二、现实条件

### （一）可再生能源可能将经历长周期

从某种意义上来说，新一轮能源转型是人类能源利用进程的一种回归。柴薪的形成中间只经历了一道光合作用；人类利用煤炭的过程大致经历泥煤、褐煤、烟煤和无烟煤，恰好是煤炭的形成过程，越往后煤化过程越长；石油的形成则需要更漫长的时间和更严苛的条件。[①] 从柴薪到石油，越来越远离光合作用。可再生能源直接利用光和风，通过人工方式转化，替代了自然界漫长的演化过程。由此，可再生能源周期的长度可能将远远超过煤炭和石油，长期占据主要能源地位。但可再生能源可能还不是人类"能源历史的终结"。按照逻辑，如果向太阳能的回归继续向前展开，那么前

---

[①] 煤化过程也叫煤化作用，是指泥炭转变为褐煤、烟煤、无烟煤，或腐泥煤转变为腐泥褐煤、腐泥烟煤、腐泥无烟煤的过程。关于石油的形成学界有不同观点，主流观点认为石油来自植物沉积。

方应该是直接"人造一个太阳",这恰好是许多核聚变研究的目标。目前对核聚变的争议还比较大,仍处在实验阶段。

## (二)不同技术的发展周期并不同步

为研究方便,可将可再生能源利用进程分为工业化模式和前工业化模式,后者包括自远古时代以来人类对可再生能源的各种利用,本书主要研究工业化模式下的利用。可再生能源有多种技术,水电已进入成熟期,风电、光伏、集热正处在集中突破期,海洋能、氢能仍处在早期阶段。整体看,可再生能源正处在由萌发期到成熟期的过渡阶段。如果可再生能源技术到 21 世纪中叶基本成熟,那么萌发期长达近 100 年。由于后进技术不断进入成熟期,可能将不断拉长可再生能源的存续期。

## (三)需求端变化是推动可再生能源周期兴起的重要因素

在可再生能源发展的早期,政策推动、社会需求等需求端是推动其周期兴起的更重要因素,这与石油和煤炭有明显区别。可以肯定的是,在没有补贴和良好氛围,而且化石能源仍然足够用的前提下,资本没有足够动机去推动可再生能源技术发展。如果不是政策的巨大推动作用,可再生能源不会在最近 20 年取得如此巨大增长。如果不是气候变化等政治文化因素推动,可再生能源也不会在公众中形成如此良好的认知。但随着时间推移,可再生能源技术已经取得明显突破,其利润回报率和生产率逐渐超过油气,资本就有足够动力去参与。

## 三、新的路径

前文对能源政治的驱动机制、互动单元、基本原则、基本安排、基本内容和互动方式变化做了分析,这些变化将在不同周期内出现。

(一) 政治周期早于技术和市场周期

20世纪50年代,可再生能源技术还仅仅是实验室设想时,欧洲就出现了要加快推进替代能源发展的政治呼声。20世纪90年代,可再生能源技术尚未实现大规模市场应用时,与之配套的政策体系就已经开始被研究了,包括德国在内的部分国家推出旨在优化可再生能源发展环境的能源法。目前,可再生能源仍只占全球能源消费的很小比例,尚未对全球能源格局形成实质性影响,美欧已经开始为此展开布局,欧洲的能源体系越来越加快去碳化发展,其进程远远超过了能源转型进程本身;美在稀有矿产尚未短缺时,就已经开始拉拢部分国家组建联盟。

(二) 早期出现的政治影响

转型早期由于可再生能源尚未成为主要能源,能源政治的属性仍然是由化石能源决定的,但政治影响也会不同程度显现。有的变化会印证前文的分析,有的变化可能是相悖的。早期影响并不具有决定性。

## 1. 能源安全自助方式的变化

油气能源条件下消费国只能通过外部拓展解决能源问题，但能源转型将赋予消费国通过内部拓展来解决能源问题的可能。只要可再生能源占据一定市场份额，就可能对能源进口产生挤出。当前，许多国家已经可以利用可再生能源满足国内部分能源需求，部分实现了通过"内部拓展"来打破能源实力对比的目标。据新闻报道，2020年初，欧洲多国太阳能发电突破记录，一季度英国可再生能源发电量在发电总量中的占比达到44.6%，超过了燃气发电（29.1%）、核电（15.3%）、煤电（3.7%）以及进口电力（7.3%）；4月第二周，太阳能在德国发电总量中的占比为23%；4月12日，太阳能提供了澳大利亚全境近三分之一的电力，可再生能源整体提供了近50%的电力。[①] 但在相当长的一段时间内，能源总体上仍然是稀缺的，外部供给中断会对一国造成重大冲击。可再生能源仍然是作为补充能源使用，还没有一个国家对其形成依赖，相应能源技术的作用仍主要体现在改善能源条件上，政治调动作用尚不明显。

## 2. 能源外部性的变化

化石能源的外部性主要表现在环境污染、政治消耗和市场波动三个方面，可再生能源已经产生的影响显而易见。首先，由于国际社会对可再生能源的环境友好性认知基本一致，主流政治立场是促进应用，如果有个别国家采取消极立场，往往会与国际社会对立起来。特朗普任期内的美国，在此问题上与欧洲产生了对立。同时，发达国家需要向发展中国家提供技术和资金援助，推动后者加快相

---

① PV‑Tech:《欧洲多国太阳能创发电新记录》，https://www.pv‑tech.cn/news/solar‑scores‑generation‑records‑across‑the‑globe‑in‑era‑of‑lockdowns2。

关部署，由此产生了关于发达国家履责问题的国际争论。关于相关责任的认定，成为国际气候治理进程中的主要矛盾。由此，关于可再生能源的政治消耗显著存在，在某种程度上阻碍了部分发展中国家的应用进程。可再生能源领域大部分产品金融属性不强，且涉及的原材料、中间产品和最终产品种类繁多，会分散价格波动所带来的影响。更重要的是，可再生能源到目前为止还没有产生全球性的市场冲击，这是由其特性决定的，预计未来也很难会出现类似石油那样的动荡，即便出现也会集中在一定区域内。可再生能源生产转化过程中也出现其他的负外部性。如德国电网接入邻国，可再生能源发电波峰对邻国电网造成瞬时冲击，严重时甚至可能毁坏电网；非洲部分国家稀土矿产被掠夺性开采。

### 3. 对互动单元的影响

从目前看，各国之间因为不同政策取向可分成五类。第一类是政策偏向型。这类国家对内采取强有力的支持政策，对外寻求建立可再生能源优势，这样的国家除欧盟成员和中国等既有政策、又有能力的国家外，还包括大量只有政策、没有能力或能力较弱的国家，东南亚、非洲、拉美许多国家都制定了可再生能源发展目标，但由于缺少资金和技术，实现目标的过程存在很大不确定性。第二类是双重政策型。这类国家旨在同时巩固油气和可再生能源双重优势地位，主要是美国，沙特、卡塔尔、阿联酋等中东国家也希望建立自身在可再生能源领域的优势。尽管特朗普政府对能源转型政策态度消极，但美国事实上已经形成了领先的市场地位，美国很有希望成为油气和可再生能源双重优势国家。中东国家资金优势明显，但技术高度对外依赖，很难形成优势。第三类是逆向选择性。这类国家固守自身在油气领域的优势，对能源转型在国内和国际上态度都比较消极，很少采取实质性的支持政策。俄罗斯油气资源丰富，自身能源消费增长缓慢，没有推进国内能源转型的现实需求。同时，俄国内能源寡头反对加快能源转型，对外部门也不希望转型导致自身失去重要的地缘政治工具。① 第四类是危机应对型。这类国家主要是一些深受气候变化之害的大洋岛屿国家，由于气候变暖导致的海平面上升可能会淹没这些国家，因此其迫切需要加快推进能源转型。第五类是政策中立型。这类国家转型快慢与否对其没有实质性影响，他们更多是出于功能性、区域性需求来判断是否实施转型政策。典型的国家是澳大利亚、新西兰、加拿大。澳能源危机意识不强，但其国土面积庞大、人口居住分散，可再生能源的一些特性恰好符合其国内能源治理需要。澳希望在国内部分偏远地区加快可再生能源部署，但这并不代表其在国际上会采取偏好性战略，更多是根据外交需要来判断能源战略倾向。政策偏好相近的国家容易通过利益联盟等形成协调关系，图鲁瓦等南太海岛国家可能最先受到海平面上升影响，这些国家目前已经就气候变化问题联合起来，并希望得到欧盟、中国等政策偏好型国家的帮助。但美国、澳大利亚、新西兰并不希望其他国家主导南太气变问题，多次采取阻挠行动。

### 4. 互动手段的影响

目前，由于可再生能源对于国家间实力对比的影响作用尚不明显，除中、美等处在竞争前沿的国家外，其他国家还没有对相关设备、技术进行政治化操作，可再生能源贸易在很大程度上是以普通贸易形式开展的。2013—2017 年，中国和欧盟曾围绕中国输欧光伏面板加征反倾销税问题展开多轮博弈，欧盟的理由是中国政府给予国内光伏企业不合理补贴，或中国企业进行低价倾销，其目的主要是保护欧洲光伏面板企业，同时也将反倾销税作为撬动其他政治

---

① 韩立群：《国际能源格局转型重塑进入关键期》，《瞭望》2017 年 5 月第 19 期，第 64 页。

利益的杠杆，属于比较常见的贸易手段，并没有体现能源在其中的特殊性。

### 5. 对能源地缘政治产生初步影响

地缘政治变化一般是以重大事件来衡量的，目前还没有出现可再生能源相关的重大地缘事件，影响主要体现在包括跨国能源输送等功能性领域。以欧洲为例，有观点认为，目前可再生能源的政治影响还主要局限在一国之内。[①] 但对比一下化石能源和可再生能源，可以发现在欧洲已经开始产生地缘政治影响。比如，在化石能源条件下，欧盟发现很难制定一项共同的国内能源政策，更不用说制定一项连贯有效的外部能源政策，《里斯本条约》第194条仍然将能源结构和供应战略的选择留给各国政府。此外，能源市场仍然支离破碎，而且基本上是全国性的，因此很难发展共同利益和"同声说话"。但发展到可再生能源后，欧盟制定了统一的能源发展目标，包括到2030年可再生能源至少占比32%、能源效率至少提高32.5%等，这种从分散到统一的变化，是可再生能源对地缘政治产生影响的一个显著例子。

### 6. 对全球能源治理的影响

首先体现在机制变化上，过去10年，全球范围内涌现了不少全球性和地区性的可再生能源发展组织。比如，国际可再生能源机构（IRENA）2009年1月26日在德国波恩成立，总部设在阿联酋的阿布扎比，成员包括全球161个国家，覆盖面远大于现有的G20、IEA和OPEC等组织。其次体现在治理内容上，除IRENA等以可再生能源为主的机构外，传统能源机构，包括IEA、G20等也

---

① Iana Dreyer, "Renewables: Do they matter for foreign policy?", European Union Institute for Security Studies, June 2013.

开始将可再生能源作为其工作的主要内容。最后体现在各国的立场上，越来越多的国家赞同将可再生能源作为国际能源治理的重要内容。

### 7. 国际能源格局的初步变化

领先国家等级差异变小，但领先国家与其他国家差异变大。目前中、美、欧三方在可再生能源发展上整体呈现齐头并进态势，中、欧与美国的差异远远小于石油领域。美国没有呈现出顶端国家应有的状态，在可再生能源方面基本不具备霸权，也没有向其他国家提供与其地位相称的公共产品，中、欧发展基本不受制于美国。三方之间暂时缺少明显的技术壁垒。但中、美、欧与其他非领先国家间的差异明显被拉大，一些国家由于技术和资金限制，暂时基本不具备部署可再生能源的可能。

### 8. 能源安全价值观念的初步变化

能源权力的内容和应用方式开始发生变化，技术在权力中的重要性日益凸显。化石能源权力的大小很大程度上取决于一国可以支配多少能源，可再生能源条件下能源权力的大小在于占有生产能源的技术和标准，内化在一国的基本实力中。目前，可再生能源相关技术已经成为主要国家争夺的重要方向。欧洲在许多领域走下坡路，但在可再生能源和气候变化领域占据明显优势，在风电、光伏发电、智能电网、储能技术和电动汽车等方面有很强的话语权，从某种程度上说，欧洲通过内部强化能源技术，实现了从能源弱者向能源强者的转换。未来如果欧洲进一步巩固技术和规范领先地位，还可能进一步强化这一趋势。借助不断强化的可再生能源优势，欧盟事实上初步具备了同俄罗斯进行能源博弈的能力。反过来看，俄罗斯、沙特等属于传统能源权力受到新兴能源权力冲击的国家，更重要的是其能源权力预期处于较低水平。

## （三） 中期和成熟期的影响

一些更具根本性的变化将在成熟期出现，能源地缘政治、南北能源关系、国际能源市场、能源价值观等可能将以全新面貌出现。但能源发展本身有巨大的不确定性，我们很难预测未来会发生什么，特别是一些预期的变化会被政治行动"抵消"，这本身也是规律的一部分。比如，当我们预计南北关系会因为能源转型产生结构性变化时，发达国家可能会提前采取行动，抵消结构变化的趋势。传统能源出口国也可能会采取更有力的集体行动，大幅延长化石能源周期的长度。此外，世界政治的趋势是难以预测的，能源政治作为其中的功能性领域，也要遵循整体发展趋势。如果未来50年世界政治陷入更加严重的纷争，全球能源治理将很难实现我们预计的进展。如果未来50年世界政治更加温和，那么即便是化石能源领域也可能实现比较理想的治理状态。能源属性的变化对能源政治的演化方向仍具有决定性意义。

研究国际能源政治演进周期效应的目的是回应当前的一些争论，也是本书的一个创新点。部分争论以现实情况为论据，驳斥有关能源转型将引起国际能源政治变迁的结论，典型的两种看法是"目前还没有发生，因此不值得讨论"，以及"相关变化过于理想化"。但周期效应表明，国际能源政治的演进有明显的市场周期、政治周期、文化周期，三个周期并不同步。相比于石油，可再生能源的政治周期明显出现得更早，而不是更晚。在可再生能源仅仅占据一次能源消费不到10%的时候，相关问题已经成为各国国内以及国际政治的重要议题，充分说明可再生能源的政治周期已经出现。

# 第七章　碳中和：能源转型与政治博弈

碳中和是能源转型时期国际政治中的一个特殊现象，是当下能源转型对国际政治影响的集中反映。从1972年联合国召开人类环境会议算起，国际社会为应对气候变化的共同行动已经历了半个世纪时间。在此期间，国际社会对气候变化问题的科学和政治认知不断刷新，围绕如何解释和应对气候变化形成了一系列理论。今天被广泛热议的碳中和（carbon neutral）、净零排放（net zeroemission）、气候中立（climate neutral）等概念就是这些理论的最新发展。碳中和简单来说就是实现人类活动二氧化碳的净零排放，这是《巴黎协定》所设想的减排目标，也已经被许多国家列入环境政策中，其所产生的一系列政治、经济、社会和国际影响更为引人关注。本书主要梳理了碳中和的历史源起，各方对碳中和的态度，以及碳中和面临的主要挑战。

## 一、概念源起

全球气候变化行动主要沿着科学研究、温升目标、减排安排和行动机制四条主线向前推进，始自1972年的斯德哥尔摩环境大会，汇至2015年的巴黎气候大会，包含了碳中和从概念发端到政策成熟的全过程。

## （一）科学研究主线

主要任务是解释气候变暖与温室气体排放之间的关系，为应对气候变化决策提供科学依据，也为了提高公众对气候问题的接受度，这是碳中和概念提出的科学基础。20 世纪 60 年代，有关人类活动造成环境破坏的科学研究不断增多。1968 年，瑞典致信联合国经社理事会，呼吁就人类活动对环境的影响举行会议。1972 年，联合国举行了首次人类环境会议，提出了联合国人类环境宣言。1979 年，300 多位气候相关领域的科学家在日内瓦举行了第一次世界气候大会，提出二氧化碳浓度增加将导致地球升温，温室气体与气候变化的关系旋即受到国际社会的高度关注。① 这时还有很多人怀疑气候变暖学说。1988 年，联合国成立政府间气候变化专门委员会（IPCC），1990 年 IPCC 发布第一次评估报告，认为温室气体浓度升高增强了温室效应，导致地表升温。2001 年，IPCC 发布第三份报告，第一次明确提出，过去 50 年大部分温升与人类活动引起的温室气体浓度增加有关。2007 年，IPCC 发布第四次报告，将人类活动与气候变化之间因果关系的可信度从 60% 提高到 90%，基本等于确认了是人类活动导致气候变化。2014 年，IPCC 第五次报告将可信度再次提升到 95%，并指出如继续排放温室气体，与 1986—2005 年相比，2016—2035 年全球温度将升高 0.3℃—0.7℃，2081—2100 年将升高 0.3℃—4.8℃。②《京都议定书》确定的温室气体共包括二氧化碳（$CO_2$）、甲烷（$CH_4$）、氧化亚氮（$N_2O$）、氢

---

① World Meteorological Organization, "A History of Climate Activities," https://public.wmo.int/en/bulletin/history-climate-activities.

② IPCC, "AR5 Synthesis Report: Climate Change 2014," https://www.ipcc.ch/report/ar5/syr/.

氟碳化物（$HFC_S$）、全氟化碳（$PFC_S$）、六氟化硫（$SF_6$）六种，其中氟化物升温效应最强，但二氧化碳对全球升温造成的实际影响最大，含量也最高，因此成为减排的主要目标，实现二氧化碳的净零排放成为温室气体减排的首要任务。近15年来，包括遥感、观测等其他领域技术的迅猛发展，为气候科学提供了更多、更好的手段，气候研究的可信度大为提升，为各国制定更为精细、更具雄心的减排目标提供更好的科学保障，这也是气候问题在近年受到更多关注的一个重要原因。

## （二）温升目标主线

主要任务是确定应对气候变化行动的温升目标，是气候变化行动核心指标，也是推进碳中和的目的和进度依据。但在没有相关科学解释的基础上制定温升目标，对各国政治家来说是一项非常困难和危险的任务，制定温升目标也经历了一个艰苦的过程。有学者认为，在IPCC发布第一次评估报告之前，关于气候变化的研究更多集中在人为温室气体排放和大气温室气体浓度的增加与全球平均气温的关系，呼吁全球关注人为因素导致的气候变化可能带来的威胁，但当时没有足够的研究基础确定应该选择何种指标，以及用什么样的具体数值作为全球应对气候变化的最终目标。[1] 在1995年IPCC发布第二份报告之前的数十年里，国际社会没有明确和统一的温升目标。直到1995年第二份报告发布后，欧洲理事会才在一次决议中指出，要将全球升温目标控制在2℃以内。[2] 因为仍然缺

---

[1] 高云、高翔、张晓华：《全球2℃温升目标与应对气候变化长期目标的演进——从〈联合国气候变化框架公约〉到〈巴黎协定〉》，https：//dx.doi.org/10.1016/j.eng.2017.01.022。

[2] 《欧盟气候政策说明》，https：//ec.europa.eu/clima/sites/clima/files/eu_climate_policy_explained_zh.pdf。

乏广泛的国际共识和明确的科学支撑,之后签署的《京都议定书》并没有将2℃写入正式文件。到2007年,德国主持召开G8会议,希望提出一项温室气体减排的新全球框架协议,提出到2050年将全球平均气温上升幅度控制在不超过2℃的范围内,由于美国反对,该目标最终未能写入文件。2009年哥本哈根气候大会前夕,国际社会为确定温升目标举行了很多会议,最终在中、美等国的共同推动下,当年的气候大会首次将2℃写入决议,2010年坎昆气候大会再次确认该目标。2015年《巴黎协定》签署,正式将1.5℃—2℃目标写入协议,以国际条约的形式确立了国际社会行动的共同目标。

(三) 减排安排主线

主要任务是确定温室气体减排量,以及减排的时间安排。1990年,在联合国环境会议召开的10年之后,第二次世界气候大会提出,要把温室气体浓度稳定在能够防止对气候构成人为的危险干扰的水平上。[①] 当时的欧共体领衔发达国家在会上提出,到2000年将二氧化碳或未受《蒙特利尔议定书》控制的二氧化碳及其他温室气体排放量控制在1990年基础上,这是首次提出明确的减排目标。当年IPCC发布的评估报告细化指出,该目标需要立即把以二氧化碳为主的长寿命温室气体人为排放减少60%,甲烷减少15%—20%。[②] 1998年,《京都议定书》签署,要求附件一国家在2008—2012年将协议规定的温室气体全面排放量在1990年基础上减少5%。2007—2009年,八国集团峰会连续多次讨论减排目标问

---

[①] UNFCCC, "The Second World Climate Conference," https://unfccc.int/resource/ccsites/senegal/fact/fs221.htm.

[②] IPCC, "Climare Change: The IPCC 1990 and 1992 Assessments," https://www.ipcc.ch/report/climate-change-the-ipcc-1990-and-1992-assessments/.

题，最终在意大利峰会上模糊确定发达国家到 2050 年排放量在 1990 年基础上至少减少 80%，已经接近于当前各国提出的碳中和目标。2013 年，IPCC 第五份报告发布，首次提出到 2100 年实现零排放。2015 年，《巴黎协定》对这些目标进行了进一步统筹，第四条第一款正式提出"在公平的基础上，在本世纪下半叶实现温室气体源的人为排放与汇的清除之间的平衡"。至此，全球减排量正式从相对减少发展至绝对归零，碳中和也被正式以国际公约的形式提出。2018 年，IPCC 受《巴黎协定》缔约国委托，发布具有战略意义的 1.5℃ 特别报告，指出要实现 1.5℃ 目标，必须到 2050 年实现二氧化碳净零排放，要实现 2℃ 目标，必须到 2070 年左右实现净零排放，这也就是为什么今天许多国家提出的碳中和目标普遍以 2050—2070 年作为达标年限。

（四）行动机制主线

主要任务是确定减排的国际行动原则和方式。1972 年联合国环境大会召开后，各方为设计减排行动安排进行了艰苦卓绝的努力，到 1992 年《联合国气候变化框架公约》签署，尽管还存在不少分歧，但在事关全球应对气候变化共同行动的大量基本问题上达成了共识，奠定了坚实的基础。1998 年《京都议定书》正式签署，这是国际社会围绕减排的第一份具体实施方案，确立了自上而下的减排原则。但《京都议定书》的落实情况并不尽如人意，许多国家认为应该调整减排的制度安排。到巴黎气候大会期间确立了新的"自主贡献原则"，也就是在共同但有区别责任的基础上，由各国根据《巴黎协定》提交国家减排的自主贡献（NDC），一般包括减排量和达标时间两项要素。2015 年底，巴黎气候大会前，有 155 个国家公布了本国的自主贡献目标。到 2021 年，由于《京都议定书》第二承诺期到期，《巴黎协定》成为国际社会减排的共同遵循,包括中国在内,很多国家又再次更新了国家自主减排目标,截至 2021 年初,有 59 个国家和地区更新了自主贡献目标,自主贡献已经覆盖了全球总排放量的 48%。① 由于科学认知水平和政治共识的提升,新的国家自主贡献水平更高,不少具备条件的国家明确了本国实现碳达峰和碳中和的时间,也就形成了我们今天所见到的各国竞相公布碳中和目标的局面。

(五)碳中和是四条主线融合的最新结果,体现了全球应对气候变化行动的最新进展

其一,碳中和代表了气候科学的最新认识。IPCC 发布的 1.5℃ 特别报告指出,要实现二氧化碳净零排放,仅靠减排是不够的,还要加强碳汇(二氧化碳的吸收),在土地、能源、工业、建筑、交通和城市方面进行"快速而深远的"转型。② 实现碳中和涉及的领域远远超过气候一个方面,所带动的可能是整个经济与社会结构的转型,并在此基础上形成一个新的低碳经济。其二,碳中和与全球温升目标及减排安排保持高度一致。根据 IPCC 第五次报告评估,如果将 1861—1880 年以来的人为二氧化碳累积排放量控制在 1000Gt 碳当量,到 21 世纪末有 66% 的可能实现 2℃ 目标;如果将累积量放宽到 1210Gt 碳当量,可能性降至 50%;放宽到 1570Gt 碳当量,可能性降至 33%。到 2011 年,人类已经累积排放 515Gt 碳当量的二氧化碳,要实现 66% 的可能,剩余空间已经十分有限,需要到 2030 年将年排放量限制在 50Gt 当量,到 2050 年在 2010 年

---

① CAT, "Climate Tracker," https://climateactiontracker.org/climate-target-update-tracker/.

② IPCC, "Global Warming of 1.5℃," https://www.ipcc.ch/sr15/.

基础上减少40%—70%，到2100年实现零排放或负排放。① 其三，碳中和体现了自下而上的新行动机制。根据《巴黎协定》，各国通过自下而上的方式，自愿制定碳中和目标，并进行自我约束、自我审查。现实中，一国可以通过多种形式自主对外宣布碳中和目标，包括政治宣言、政府声明、政策文件、气候立法，向联合国提交的正式文件等，其国内自我约束方式也非常多样化。

## 二、各方立场

据统计，目前全球有不丹和苏里南2个国家已经实现净零排放，瑞典、英国、法国、丹麦、新西兰、匈牙利6个国家实现了净零排放立法，欧盟、加拿大、韩国、西班牙、智利、斐济等国家和地区正在推进净零排放立法，中国、芬兰等20国以政策文件形式确立净零排放目标。此外大部分国家正处于政策讨论阶段，对碳中和的实际立场呈现多样化特征。

### （一）碳排放达峰国家多数支持实现碳中和

根据世界资源研究所统计，在1990年之前就已经实现碳达峰的国家有19个，2000年达峰的国家增至33个，2010年增至49个，2020年增至53个，占全球排放量的40%。② UNFCCC统计认

---

① IPCC, "AR5 Synthesis Report: Climate Change 2014," https://www.ipcc.ch/report/ar5/syr/；秦大河等：《IPCC第五次评估报告第一工作组报告的亮点结论》，《气候变化研究进展》2014年1月第1期，第1—6页。

② WRI, "Turning Point: Which Countries' GHG Emissions Have Peaked? Which Will in the Future?", https://www.wri.org/insights/turning-point-which-countries-ghg-emissions-have-peaked-which-will-future.

为，在包含 LULUCF（Land Use, Land Use Change and Forestry，土地利用、土地利用变化和林业）情况下，碳达峰国家共计 46 个，在不包含 LULUCF 情况下，碳达峰国家共计 44 个。① 双方统计差距不大，同时都包括了美欧等发达国家。

欧盟立场最为积极，在推进碳中和的同时还提出了更高的气候中立目标。2018 年 11 月，欧委会发布欧洲气候中立战略愿景文件，提议到 2050 年推动欧洲实现气候中立，这是欧盟首次在正式文件中提出气候中立，欧盟也是最早提出这一愿景的国际行为体。2019 年 3—11 月，欧洲议会多次通过决议，确认到 2050 年实现温室气体净零排放的目标，并争取尽早实现。2019 年 12 月，新一届欧委会一上任就发布了《欧洲绿色协议》，要求欧盟 2030 年温室气体排放比 1990 年水平降低至少 50%—55%（原目标为降低 40%），到 2050 年温室气体达到净零排放并且实现经济增长与资源消耗脱钩，成为首个气候中立大陆。2020 年 3 月 6 日，欧盟正式将该目标向《联合国气候变化框架公约》递交，成为欧盟的国际承诺。与此同时，欧盟还在加快推进气候立法，提升其减排目标的约束力。2020 年 3 月 4 日，欧委会公布了作为《欧洲绿色协议》法律支撑框架的《欧洲气候法》，将欧盟中长期减排目标订立为欧盟法律，同时强调目标的"不可逆性"。当年 12 月，欧洲理事会批准《欧洲气候法》的一般立法程序。2021 年 5 月 10 日，欧洲议会环境委员会投票通过了《欧洲气候法》草案。

英国则是最早推进碳中和立法和市场实践的国家。早在 2008 年，英国就正式颁布了《气候变化法》，成为世界上首个以法律形式明确中长期减排目标的国家。2019 年 6 月，英国新修订的《气候变化法案》生效，正式确立到 2050 年实现温室气体"净零排

---

① 李媛媛等：《碳达峰国家特征及对我国的启示》，《中国环境报》2021 年 4 月 13 日。

放",英国成为全球首个立法确立碳中和目标的主要经济体。2020年11月,英国政府又宣布一项涵盖10个方面的"绿色工业革命"计划,包括海上风能,氢能,核能,电动汽车,公共交通、骑行与步行,喷气式飞机零排放与绿色航运,住宅与公共建筑,碳捕集、封存与利用,自然保护,绿色金融与创新等。[1] 2020年12月,英国政府宣布新的减排目标,承诺到2030年英国温室气体排放量与1990年相比,至少降低68%。为实现碳中和目标,英国政府计划投资120亿英镑。除政府层面的减排努力外,英国减排行动也较早实现了市场化。英国标准协会(BSI)2009年曾发布首个所谓碳中和标准(PAS2050),用于向有需求的企业付费发放相关碳足迹(Carbon Footprint)认证,帮助企业实现碳税减免、市场认可等目的。

美国拜登新政府气候政策积极但在国内仍面临较大阻力。自《京都议定书》签署以来,美国的国内外气候政策经历多次反复。2021年4月22日,美国总统拜登在其主持召开的全球气候峰会上宣布,美国计划到2030年实现在2005年基础上将温室气体减排50%,到2050年实现碳中和,这是美国首次宣布碳中和目标,也是美国首次宣布如此大幅度的减排安排。与此同时,美国国内也在加快多项与气候和能源有关的立法,细化相关目标。其中,由参议院能源和商业委员会推进的《清洁未来法案》包括10个方面的内容,除拜登宣布的"3050"目标外,该法案还要求未来10年在减排领域投资5650亿美元,在能源部和环境保护局等机构成立新的部门,推动到2035年实现电力系统脱碳化,加快实现工业、交通、建筑等领域脱碳,制定更加清晰的甲烷等温室气体减排安排,筹资

---

[1] UK Government, "The Ten Point Plan for a Green Industrial Revolution," Nov. 18, 2020, https://www.gov.uk/government/publications/the-ten-point-plan-for-a-green-industrial-revolution.

1000亿美元帮助各州加快减排等。① 拜登政府的气候政策在国际上受到欢迎，但在美国内仍面临较大阻力。民主党内的气候激进分子和美国内的不少气候组织认为拜登的气候政策过于保守，民主党内部分来自能源州的议员和共和党则批评拜登气候政策与美国的能源结构现实脱节，将引发大量失业，并削弱美国的全球竞争力。这些反对力量可能导致民主党相关法案在国会遭遇重大阻力。

（二）碳排放爬坡国家出现明显分化

新兴和发展中国家是目前全球新增排放的主要排放者，希望加快能源和经济结构转型，对碳中和也持积极态度。但这些国家普遍面临的问题是经济增长与排放挂钩，平衡减排与增长面临巨大困难。

印度认为碳中和目标政治意义大于实际作用。印度能源消耗增速惊人，国际能源署预计印度未来20年能源需求增长将占全球能源需求增长总量的25%，是增幅最大的国家，碳排放量到2040年将增加50%，足以抵消预期中的整个欧洲排放量降幅。② 印度是全球减排增量的重点关注国家，尽管在2021年11月在格拉斯哥第26届联合国气候变化大会（COP26）上公布了2070年实现净零排放的目标，但国内对减排争议依然较大。印度国内主流声音认为，自己仍是发展中国家，需要更长的时间来实现减排任务，而且印度可能需要资金和技术方面的帮助。在国际场合，印度官方对净零排放总体持反对态度。在2021年3月31日，国际能源署和COP26

---

① Committee on Energy and Commerce, "The CLEAN Future Act," Nov. 18, 2020, https://energycommerce.house.gov.

② S. Varadham, "IEA Says India's Solar Energy Output to Match Coal – fired Power by 2040," Reuters, Feb. 9, 2021, https://www.reuters.com/article/us – india – iea – idUSKBN2A90ZR.

联合举行的峰会上,印度能源部部长辛格称,到 21 世纪中叶实现净零排放只是"天上的大饼"(Pie in the sky),像印度这样的发展中国家不应该被要求设置净零排放目标。① 2021 年 4 月 15 日,印度联邦环境部长普拉卡什·贾瓦德卡在一次会议上表示,印度将努力履行其气候承诺,但不会在发达国家的要求或压力下采取行动,强调该国有权在发展目标与气候变化义务之间取得平衡。② 印度国内不少观点认为,从人均排放量或碳排放强度上设置目标更为合适,印度可以追求到 2030 年实现在 2005 年基础上碳排放强度或人均排放减少 33%。③ 事实上,近年来印度国内能源和环境政策目标设计与实际落实差距较大,是否公布减排目标并无太大差异。印度环境监管机构长期存在运转资金不足、监管权力受限等问题,各级政府部门无法有效地将各项减排政策落实到位。印度是发展电动汽车产业速度最慢的国家之一,彭博社预计,到 2040 年印度新乘用车中只有约 1/3 为电动汽车。《印度斯坦时报》一篇文章批评称,印度的净零排放只会是空洞无力的诺言,支持一个严格的净零排放承诺是否正确还不清楚,2050 年实现碳中和承诺只是服务于印度的外交需要,而对改善印度温室气体排放贡献颇微。④

东南亚国家努力实现经济增长与气候问题平衡。东南亚国家大

---

① IEA, "IEA - COP26 Net - zero Summit," Mar. 31, 2021, https://www.iea.org/news/energy - and - climate - leaders - from - around - the - world - pledge - clean - energy - action - at - the - iea - cop26 - net - zero - summit.

② Prakash Javadekar, "India Won't Raise Climate Ambition under Pressure," Hindustan Times, Apr. 15, 2021, https://www.hindustantimes.com/india - news/india - won - t - raise - climate - ambition - under - pressure - javadekar - 101618426554549.html.

③ "IEA - COP26 Net - zero Summit," Mar. 31, 2021, https://www.iea.org/news/energy - and - climate - leaders - from - around - the - world - pledge - clean - energy - action - at - the - iea - cop26 - net - zero - summit.

④ Navroz K. Dubash, "Net Zero Emission Targets Are a Hollow Pledge," Hindustan Times, Mar. 24, 2021, https://www.hindustantimes.com/opinion/netzero - emission - targets - are - a - hollow - pledge - 101616423931009.html.

部分人口和经济活动都集中在沿海地区，农业、林业和自然资源行业是部分国家的支柱行业，且国内极端贫困水平仍然很高，非常容易受到气候变化的影响，东盟国家理应对气候变化保持积极的政治立场。亚洲开发银行研究发现，气温升高对印度尼西亚、菲律宾、泰国和越南的负面影响将十分显著，给雅加达、曼谷和马尼拉许多东盟最大的沿海城市带来重大问题。在全球最易受到海平面上升一米影响的25个城市中，有19个位于该地区，仅菲律宾就有7个，印尼将成为该地区受沿海洪灾影响最大的国家，到2100年预计每年约有590万人受到影响。[1] 但与此同时，东盟也是世界上增长最快的新兴经济体，经济增长与能源消耗直接挂钩，重视气候变化可能严重压抑经济增长。以印尼为例，近年来其煤炭生产和消费高速增长，2016—2020年间年均煤产量达5.31亿吨，预计到2050年达到4.2亿吨，占能源消费的45%，减排同经济增长的矛盾十分突出。对此，印尼一方面提出碳中和目标，2021年4月下旬，提出"到2030年实现碳达峰、2070年实现净零排放"的目标，另一方面又明确表示，不会以牺牲经济为前提追求更为激进的气候目标。2020年9月，印尼议会通过了颇受争议的《新矿业法》，进一步鼓励矿企在不受环境或社会保障措施约束的情况下挖掘更多煤炭。印尼的做法，在新兴和发展中国家中颇具代表性。

## （三）主要油气出口国仍将油气生产摆在优先位置

主要油气出口国担心能源结构转型导致经济收入的下降，但也认识到必须改变严重依赖能源的经济结构，普遍希望长期推进能源结构转型，但近期不希望全球减排行动升温导致油气市场波动，冲

---

[1] ADB, "A Region at Risk: The Human Dimensions of Climate Change in Asia and the Pacific," https://www.adb.org/publications/region-at-risk-climate-change.

击本国经济。以沙特为例,其希望推进能源生产与减少排放并行不悖的气候政策。作为全球最主要的油气生产国,沙特对气候变化问题在外交上一直保持温和的积极立场,是《京都议定书》和《巴黎协定》的缔约国,但其具体政策落实情况被认为严重不足,缺少长期减排战略规划,没有制定明确的"2050温室气体减排目标"。2021年初,沙特能源大臣阿卜杜勒·阿齐兹亲王在一次采访中称,沙特希望到2030年实现可再生能源发展占比超过50%,也希望未来实现碳中和,但并没有给出具体时间。沙特认为,不应该将温室气体减排同油气资源减产挂钩,油气行业处在更优先位置上,过于激进的碳中和政策不利于全球能源市场稳定。沙特希望在确保油气市场稳定的前提下,加快推进低碳经济转型,以为未来计。2020年,沙特作为G20主席国提出建设以4R为框架的低碳循环经济,即碳的减少(Reduction)、再次使用(Reuse)、消除(Removal)和回收利用(Recycling)。在该框架下,沙特开展了不以减少油气生产为前提的减排活动。比如,沙特基础工业公司(SABIC)建造了世界上最大的二氧化碳吸收设施,沙特阿美计划改善油气开采中的温室气体排放量。国际舆论并不看好沙特的减排和低碳经济计划,2016年沙特曾发布"2030远景规划",提出到2030年建设60GW的绿色能源。但截至2020年初,沙特已装机可再生能源仅为397MW,目前沙特国内42%和57.8%的发电分别来自石油和天然气,占全国发电量的99.8%。[1]

---

[1] Leigh Collins, "'We Will Be Pioneering': Saudi Arabia Reveals 50% Renewables Goal by 2030, But Is That Realistic?", https://www.rechargenews.com/energy-transition/we-will-be-pioneering-saudi-arabia-reveals-50-renewables-goal-by-2030-but-is-that-realistic-/2-1-954094.

## （四）多数国际组织支持实现碳中和

世界银行、国际货币基金组织、世贸组织、国际可再生能源机构等全球各大领域主要组织或机制，多数对碳中和持积极立场。世界银行表态支持《巴黎协定》和 2050 年长期战略目标，希望通过发展融资、气候融资等方式，采用各种金融工具改善清洁项目的发展环境，降低新技术应用的资金风险，特别是推动方案试点和规模化应用，扩大清洁能源市场。为此，世界银行设计了有关国别计划、技术援助、贷款产品专门项目，帮助各国规划和实现长期脱碳。① 国际货币基金组织认为，气候变化将对各国经济产生明显影响，应该通过政策工具来帮助实现 2050 年净零排放目标。国际货币基金组织总干事格奥尔基耶娃在一次研讨会中表示，碳定价和绿色融资是重要的政策工具，要重视对碳税等工具的应用。② 国际能源署等机构近期也对碳中和表现出格外积极的立场，这是 2021 年最为引人注目的国际机构对碳中和的看法。2021 年 5 月 18 日，国际能源署发布《全球能源行业 2050 年净零排放路线图》报告，在业内引起巨大轰动。国际能源署在该报告中提出了激进的能源转型路线图，认为如果要实现 2050 年净零排放并将全球温升控制在 1.5℃，必须从现在起就停止对油气资源的投资，到 2035 年结束内燃机乘用车销售，2030 年前关闭所有低效燃煤电厂，到 2050 年实现化石燃料消费占比从现在的 80% 骤降至不到 20%。③ 该报告在

---

① 《世界银行 2050 展望：战略方向文件——支持各国实现长期去碳化目标》，世界银行，2020 年。
② 克里斯塔利娜·格奥尔基耶娃：《实现绿色的经济复苏：应对气候变化的经济效益》，https://www.imf.org/zh/News/Articles/2021/04/15/sp041521 - securing - a - green - recovery。
③ IEA, "Net Zero by 2050: A Roadmap for the Global Energy Sector," May 2021.

赢得环保主义者欢呼的同时，也遭到传统行业的猛烈批评。美国前能源部长盖伊称，国际能源署的报告完全不切实际，其公布这份报告的唯一目的就是为了获取运营经费。①

### （五）国际石油企业谋求加快转型

增加减排要求减少化石能源消费，将直接影响油气企业生存。但令人意外的是，目前碳中和带给油气企业最直接的影响并不是市场规模的下降，而是油气市场之外的融资、舆论和政治影响，欧洲已经有多家主要银行宣布暂停为油气企业的新增勘探项目融资，各类环保组织、环保主义者、媒体以及普通民众也不断向油气企业施压，这导致油气企业必须作出反应。目前，英国石油公司（BP）、道达尔、荷兰壳牌等油气公司均已经宣布明确的能源转型战略，总的方向是增加清洁能源投资，从油气企业转型为能源企业。2021年3月，美国石油公司宣布，将在2050年之前将所有运营业务和油气生产项目以绝对减排为基础实现净零排放，并将所销售产品的碳强度减少50%；到2023年，在所有重大油气作业地点安装甲烷检测系统，并将甲烷逸散强度降低50%；增大对非油气业务的投资比例，推动政府制定更为严格的气候政策。2021年3月，壳牌宣布将降低所有出售能源的碳强度，基于2016年的碳排放水平，2023年下降6%—8%，2030年降低20%，2035年内降低45%，在2050年实现净零排放。道达尔等企业推出"碳中和油气"概念，旨在油气开采、处理、运输以及最终使用过程中产生的碳排放被其他形式的减碳行为完全抵消，进而实现全生命周期的净零排

---

① Guy F. Caruso, "IEA's Unrealistic Energy Roadmap Sends Wrong Message for Agency, Developing Nations," https：//www.realclearenergy.org/articles/2021/06/03/ieas_ unrealistic_ energy_ roadmap_ sends_ wrong_ message_ for_ agency_ developing_ nations_ 779958. html.

放。道达尔宣称，近年来通过扩大天然气、生物燃料和电力产品组合，其已经将排放强度降低了近6%。[1] 相比欧洲企业，美国油气企业表现相对保守，埃克森美孚等公司尽管也宣布将减少排放，但并未公布净零排放目标，认为油气消费责任并不在自己身上。有舆论认为，大型国际油气公司将减排的主要投入花费在广告公关上，实际作为非常有限。2016—2020年，英国石油公司、壳牌、雪佛龙、道达尔、埃克森美孚的资本总支出为3500亿美元，但同期在清洁能源收购上仅投入79亿美元，其中埃克森美孚几乎为零，占比不到2%。从2015年到2018年，整个行业仅占全球对可再生能源投资的0.5%左右，占同期碳捕集技术投资的三分之一多一点。[2]

## 三、发展前景

目前尚不明确开展全领域碳中和会给经济和社会带来何种影响，这令部分政策制定者陷入一种"碳中和焦虑"，既担心成为碳中和路上的落后者，也担心冒进引发的各种冲击。尽管各国面临的挑战各异，但总体看大部分国家都需要应对技术和资源，资金、资本和市场，政治和社会，以及国际合作四个主要方面的挑战。

### （一）技术和资源挑战

要实现碳中和，未来30年必须实现清洁能源替代化石能源，

---

[1] Total Energies, "Total Adopts a New Ambition to Get to Net Zero by 2050," May 5, 2020, https://www.totalenergies.com/media/news/total – adopts – new – climate – ambition – get – net – zero – 2050.

[2] IEA, "The Oil and Gas Industry in Energy Transitions," January 2020, https://www.iea.org/reports/the – oil – and – gas – industry – in – energy – transitions.

并加快推动低碳经济替代化石经济。在这一重大变革进程中，清洁技术的开发和应用速度具有决定性意义，在一些领域需要实现突破性的技术解决方案，是否有充足、可靠的自然资源去应用相关技术也至关重要。国际能源署评估认为，到2070年有35%的减排量所依靠的技术目前仍处于原型或示范阶段，有40%的技术尚未被开发出来，商业汽车运输、海洋和航空运输、冶金、水泥生产和其他能源密集型产业所需要的突破性减排技术均不成熟。[1] 特别值得一提的是二氧化碳吸收技术。要实现净零排放，仅减少排放是不够的，还必须要增加二氧化碳吸收量，也就是增加碳汇。二氧化碳捕获、封存和利用技术（CCUS）可以在确保发电等高耗能产业不中断的情况下，减少向大气中实际排放的二氧化碳，是重要的减排过渡技术。IPCC1.5℃特别报告提出将全球升温控制在1.5℃的四种情景，涉及大量运用CCUS技术。过去十年，CCUS技术在全球范围内大规模部署，年捕获量已经达到约4000万吨，但要实现联合国设定的可持续发展目标，到2070年需要实现56亿吨的年捕获量，需在现有水平上扩大超过100倍，这需要大幅提升技术水平，并进行大规模部署，是一项非常艰巨的任务。[2] 新能源技术的转化、存储、传输、使用等，都是由多种特定材料的独特化学和物理特性所促成的，清洁能源技术通常比化石燃料技术需要更多的矿物材料，电动汽车使用的矿物质是传统汽车的5倍，陆上风力发电厂需要的矿物质是同等容量燃气发电厂的8倍，提高化石燃料能效也需要更多的矿物。巨大需求推动矿物价格不断攀升，2016—2018

---

[1] IEA, "Energy Technology Perspectives 2020," https://www.iea.org/reports/energy-technology-perspectives-2020.

[2] IEA, "About CCUS," Apr. 2021, https://www.iea.org/fuels-and-technologies/carbon-capture-utilisation-and-storage.

年初全球钴价上涨了 5 倍。① 这可能引发全球对关键矿物资源的争夺。

(二) 资金、资本和市场挑战

推进减排需要在能源和基础设施等领域进行大规模投资。根据国际可再生能源机构（IRENA）估算，要实现《巴黎协定》关于全球升温低于 2℃目标，用于可再生能源的年均投资必须从现在的 3000 亿美元增加到约 8000 亿美元；② 欧盟《绿色协议》计划在未来 10 年筹集 1 万亿欧元用于绿色投资，美国正在规划的 2 万亿美元刺激法案计划向能源转型项目投资 3000 亿—6000 亿美元，英国政府认为到 2050 年实现净零排放每年需支出 500 亿英镑。③ 这些投资需求普遍面临巨大缺口，资金不足已经成为许多国家能源转型战略的主要障碍。根据《巴黎协定》，发达国家要在气候领域向发展中国家提供资金和技术援助，但目前来看这些援助或更加难以到位。发电、钢铁、水泥、化工等高排放行业也是重资本行业，固定资产投入大、寿命长，钢铁和水泥厂的典型使用寿命约为 40 年，而初级化工设施的使用寿命约为 30 年，要完全淘汰这些固定资本将产生巨大的沉没成本。特别是目前还有大量新建排放密集型重工业设施，预期寿命可能超过 2050 年。钢铁、水泥和化学品生产的

---

① Tae-Yoon Kim, Milosz Karpinski, "Clean Energy Progress after the Covid-19 Crisis Will Need Reliable Supplies of Critical Minerals," IEA, May 6, 2020, https://www.iea.org/articles/clean-energy-progress-after-the-covid-19-crisis-will-need-reliable-supplies-of-critical-minerals.

② IRENA, "Global Landscape of Renewable Energy Finance 2020," November 2020, https://www.irena.org/publications/2020/Nov/Global-Landscape-of-Renewable-Energy-Finance-2020.

③ "How Will Acting on Climate Change Affect the Economy," Imperial College London, https://www.imperial.ac.uk/grantham/publications/climate-change-faqs/how-will-acting-on-climate-change-affect-the-economy/.

大部分基础设施建成的时间也相对较晚。同时，目前能源转型的未来方向还未完全确定，但无论是电动汽车，还是氢能源、风电、光伏，都需要进行大规模的基础设施投资，一旦能源转型出现方向性调整，这些投资中很多也将成为沉没成本。从历史上看，煤炭和石油成为主导能源的过程中，它们均已经具备明显的经济优势，由大规模、快速增长的市场需求带动上游生产。目前，化石能源仍然具有很强的竞争力，能源替代难以通过市场自发方式完成，也会导致长期的成本付出。

## （三）政治和社会挑战

在政策干预的情况下，加快实现全面脱碳是一项艰巨的任务，几乎涉及每个部门和行业，是一项巨大的经济和社会工程，势必面临巨大的政治和社会挑战。政府在碳中和过程中将扮演主要角色，一方面是要更加精细地制定各项规划，另一方面则是要及时回应转型中的争议问题，防止引发社会矛盾，这需要政府投入较多的政治资源。并非所有的政府都有足够的政治意愿来完成这一任务，在许多政府看来，宣布碳中和目标仅仅是为回应国内社会和国际社会关切而采取的"公关行动"，真正的落实工作远远不到位。尽管已经有不少国家立法要求实现碳中和，但做出详细规划的国家并不多。以气候政策积极的欧盟为例，其愿景规划与现实之间仍存在较大差距。新版欧盟"可持续投资"标准文件显示，欧盟已彻底将天然气移出"可持续投资"的范围，但遭到了波兰、匈牙利、捷克等多个东欧成员国的反对，欧盟也不得不一再推迟该标准的出台时间。要达成《巴黎协定》的减排目标，欧盟国家应在 2030 年前彻底淘汰煤炭，但从目前情况来看，欧盟将有多国无法完成这一目标。德国计划在 2038 年前彻底淘汰煤炭；捷克、斯洛文尼亚仍未确定"最终期限"；波兰、保加利亚以及罗马尼亚等东欧国家至今尚未制订煤炭淘汰的相关计划。针对"如何计算碳排放量"也存在分歧。欧盟当前制定的温室气体减排目标包含森林、农业吸收的二氧化碳量，这也意味着55%的减排量实际上存在"打折"，到2030年，欧盟各行业实际温室气体排放量降幅仅约为52.8%。①

### （四）国际合作挑战

尽管碳中和目标由各国自主制定，实现碳中和却必须开展广泛的国际合作。回顾历史，国际社会应对气候变化的历程充满了各种纵横博弈，而碳中和目标带给各国的压力明显大于此前的减排计划，各种国际竞争的压力恐怕也将水涨船高。气候变化的话语权之争将事关国家发展前景。本章第一节梳理了碳中和的源起，实际上也是全球气候话语体系的变迁简史。从中可以看出，气候问题的提出和发展，基本是由发达国家主导，切中发达国家的经济与社会现实，但与发展中国家不符。碳中和涉及经济社会方方面面，深入一国经济社会最底层，一刀切的标准将严重阻碍部分国家的发展前景，导致气候权凌驾于发展权之上的局面。目前，气候变化问题的政治化倾向越来越明显，并不断向经济、贸易、外交等领域扩散，逐渐成为一种国际政治博弈的新工具，这令人担忧，应该加快给这一趋势踩刹车。欧盟计划于2023年正式实施"碳边境调节机制"（CBAM），声称要对那些没有按要求减排的国家征收碳关税，目前已经通过相关法律决议。美国此前也曾多次尝试征收碳关税，在欧盟的示范效应下，其很可能重拾这一设想。美国和欧盟打着应对气候变化的旗号实施碳关税，可能将造就一种新型的贸易壁垒，对国

---

① Alice Tidey, "'We Have a deal': EU to Cut Emissions by 'at Least 55%' by 2030," Euronews, Apr. 21, 2021, https://www.euronews.com/2021/04/21/we-have-a-deal-eu-to-cut-emissions-by-at-least-55-by-2030.

际贸易公平产生严重的消极影响。实现气候中立目标需要国际社会加快采取政治行动,这些政治行动同样也应该是中立的。政治中立将是确保气候中立公平、平衡、可持续发展的重要前提,国际社会应该在追求气候中立目标的同时,也努力实现气候政治中立。否则,失去政治中立的气候中立很可能会葬送全球气候行动的伟大目标,给整个人类家园带来不可消除的消极后果。

**延伸阅读**

### 美欧对关键矿产资源的争夺

主要国家对关键稀有矿物的争夺有可能催生间接能源地缘政治,成为新的国际政治工具。美国能源界很早就关注到重要矿物质的供应链安全问题。美国能源部认为,包括转化、存储、传输、使用等在内的现代能源技术都是由多种特定材料的独特化学和物理特性所促成的。如果这些材料存在或可能存在供应方面的潜在风险,比如全球市场规模过小、供应方过于单一、存在地缘政治风险等,则被视为"关键"。[1] 欧盟委员会认为,关键矿物是指那些在未来显示出特别高的供应短缺风险,同时又对价值链至关重要的原材料。例如,稀土对于风力涡轮机、电动汽车中的高性能永磁体、高温超导体、光纤、印刷电路板等必不可少。欧盟稀土供应完全依赖进口,目前还没有实现商业上可行的回收或替代技术。[2] 日本矿物质匮乏,能源界高度关注关键矿物供应问题,认为以稀土等稀有金

---

[1] U. S. Department of Energy, "Critical Materials: Technology Assessment," https://www.energy.gov/sites/prod/files/2015/02/f19/QTR%20Ch8%20-%20Critical%20Materials%20TA%20Feb-13-2015.pdf.

[2] EU, "Critical raw materials," https://ec.europa.eu/growth/sectors/raw-materials/specific-interest/critical_en.

属元素为代表的稀有资源,随着全球经济增长和先进工业的发展,消费量的迅速增长和生产国的资源管理政策,使其面临着价格上涨和供应紧张的局面。[①] 2002—2008年,全球经济强劲增长,特别是新兴国家经济高速增长推动原材料需求大幅上升,不断推高相关商品价格,其中包括不少关键矿物的价格,引起美、欧、日等主要消费国的高度关注。2010年,中国对稀土施行出口配额制度,成为引发美、欧、日等方面制定关键矿物政策、加强关键矿物争夺的主要激发因素。

### 1. 制定明确的关键矿物支持政策

(1) 美国。美国高度依赖外国关键矿物供应链,存在一定脆弱性。美国历来重视能源资源安全,奥巴马时期开始加大对关键矿产资源的重视程度。2013年,民主党在众议院提出相关法案,但最终未获通过。特朗普虽然不重视可再生能源,但却重视可再生能源生产所需要的各类关键矿物,上台后进一步推进关键矿产资源工作,连续发布相关文件并采取实质性措施。

2017年7月,特朗普签署13806号行政令,要求"评估并强化美国制造业和国防工业基础及供应链弹性",由国防部领导成立包括16个小组的跨部门工作组,重点评估包括供应链安全、单一来源、外国依赖、原材料短缺等问题。

2017年12月,特朗普签署13817号行政令,要求制定战略减少国家对外部关键矿物的依赖,评估关键矿物回收和在加工技术以及替代品方面取得的进展,通过与盟国和合作伙伴合作,制定获取和开发关键矿物的备选方案等。美国能源部划拨1600万美元预算,在伊利诺伊州新建国家回收基地,通过与大学、民间机构合作,将

---

[①] National Institute for Materials Science (Japan), https://www.jst.go.jp/sicp/ws2011_eu/presentation/presentation_01.pdf.

从锂电池中提取钴、锂等稀有金属的技术用于实际生产。

2018年5月,美国内政部发布包括35种关键矿物的清单(Final List of Critical Minerals 2018),大部分属于对外依赖超过50%的矿产,其中有约一半矿产资源完全依赖进口,约20类矿产主要来自中国,8种矿产完全依赖中国。特朗普要求联邦政府立刻提高稀土资源产量,对稀土资源的勘探、开采和加工规模进行扩充,对私企开采流程进行简化。

2019年6月,美国商务部发布题为《确保关键矿物安全可靠供应的联邦战略》报告,指出美国严重依赖外国关键矿产资源和外国供应链,建议美国政府采取推进关键矿产供应链转型,加强与盟国合作,减少国内矿产资源开发审批限制等措施,体现出美国摆脱关键矿物对外依赖的决心。

(2)欧盟。2008年,欧盟委员会在内部提出名为"原材料倡议"(Raw Material Initiative)的综合战略,加强欧盟"非能源和非农业原材料"安全供应。这里的"非能源"意思是不包括石油、天然气、煤炭等化石能源大宗商品,事实上恰恰是"新能源"发展所必需的,这也体现出本书前述分析的"间接地缘政治"特征。该战略包括三个支柱:一是确保在第三国获得资源方面有一个公平的竞争环境;二是促进来自欧洲内部原材料的可持续供应;三是提高资源效率和促进再循环。要求针对第三国开展广泛政策,可能包括促进人权、善政、解决冲突、不扩散和区域稳定。[①] 简而言之,就是以外交手段为杠杆,促进稳定的原材料供应,与其维护油气供给安全的倾向对比明显。根据这一倡议和欧盟相关政策安排,2011年、2014年、2017年,欧盟分三批公布了27种关键原材料。

---

① IMA Europe, "Raw Materials Initiative," https://www.ima-europe.eu/content/raw-materials-initiative.

## 2. 组建国际联盟

美、欧、日等关键矿物的主要消费国发起成立，旨在通过国际协调实现关键矿物的稳定供应，包括主要由日本发起的"美、欧、日关键原材料三边会议"，美国发起的"能源资源治理倡议"等。

（1）美、欧、日关键原材料三边会议。2010年中国对稀土出口施行配额制度，2011年，美、欧、日三方开始举办关键原材料三边会议，在三方合作框架内定期交流有关信息，特别是探讨如何加强关键原材料安全供应。截至2020年底，该会议已经连续举办10届。在该机制首次会议上，与会者就明确提出稀土在风力发电机和电动汽车中的作用，指出关键矿物是发展可再生能源、转向低碳经济的"瓶颈"。2019年在布鲁塞尔举办的第9次会议上，澳大利亚和加拿大作为观察员参加了政府间会议。①

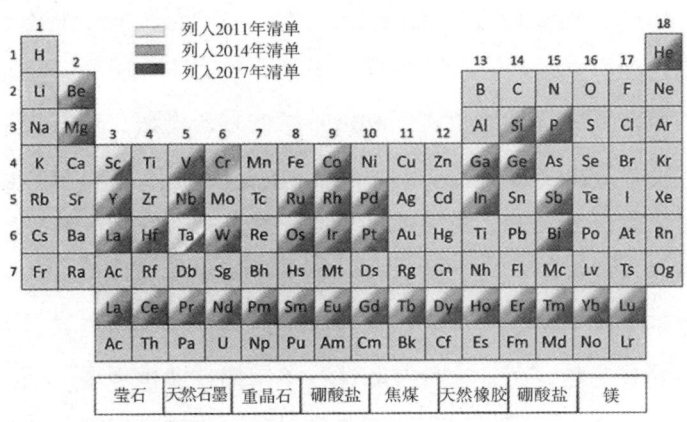

**图7—1 欧盟公布的关键原材料**

资料来源：European Commission, Critical raw materials, https://ec.europa.eu/growth/sectors/raw-materials/specific-interest/critical_en。

---

① EU, "US-Japan-EU trilateral workshop on Critical Raw Materials," Workshop report, https://ec.europa.eu/research/index.cfm?pg=events&eventcode=B4298D7E-9500-2C1B-F3FF854D560AC83D.

(2) 美国能源资源治理倡议 (Energy Resources Governance Initiative)。2019 年 6 月，美国宣布所谓能源资源治理倡议，不断拉拢生产关键矿物的国家加入。从内容和形式上看，该倡议已经具备了可再生能源条件下国际能源政治互动的基本要素。美国在能源资源矿产领域的优势并不明显，落后其在化石能源时代的优势。据美国地质调查局 (USGS) 统计，2018 年美国 48 种矿产消费的一半以上依赖进口，其中有 18 种完全依赖进口。因此，为满足能源转型需求，美国必须在全球加强争夺。该倡议开篇指出，随着可再生能源、电动汽车和电池存储需求的增大，将对能源矿产产生前所未有的巨大需求，到 2050 年，对关键能源矿产的需求可能会增加近 10 倍，使得许多国家增加供应的能力变得十分紧张。因此，美国要推进制定新的规则，加强能源资源矿产全球治理。该倡议提出三个目标：一是让资源丰富的国家参与负责任的能源矿产治理，美国将分享矿产管理和治理方面的最佳做法，以促进开放和透明的市场；支持吸引顶级私人投资的投资框架，致力于先进的开采时间和明确的操作程序；促进负责任和可持续的采矿做法。这些规则看似公平，但事实上只是制定出来以备"不时之需"，会在美国认为需要的时候，以正义的、法律的名义拿出来施行；在情况对美有利的条件下，这些规则往往会被忽略。二是所谓支持弹性供应链，也就是防止某个国家垄断某种矿产资源生产。与化石能源相比，关键矿产更容易被垄断，而且这种垄断往往不掌握在美国手中。因此，美国要打破对自己不利的局面，要求推进所谓供应链弹性。舆论分析认为，该条倡议主要是针对中国对稀土资源的相关规定。三是增加投资，满足对关键矿产的潜在需求。要求对矿产的新增投资超过化石能源的一倍，美国将向相关矿产资源富集的国家提供技术和资金援助。从这三条可以看出，美国通过该倡议，谋求同时建立能源资源矿产的运行规则、打破垄断、增加供给，以保证美国的长期需求。9 月 26 日，美国国务院声明称，澳大利亚、博茨瓦纳、秘鲁、巴西、阿根廷、刚果民主共和国、纳米比亚、菲律宾和赞比亚9个国家加入该倡议。

（3）其他双边和企业间合作。美商务部报告要求美国应该与澳大利亚、加拿大、欧盟、日本、韩国等合作，利用供应安全协议、国家技术和工业基地等合作机制，确保关键矿产的国家安全。2018年12月，美澳就研究开发关键矿产签署合作协议。2019年6月，美国防部与两家分别位于马拉维和布隆迪的稀土公司磋商，寻求达成稀土合作。2019年5月，澳大利亚稀土企业莱纳斯（Lynas）宣布，将与美国蓝线（Blueline）合作在得克萨斯州建立稀土分离工厂，有望成为中国以外仅有的分离中重稀土的大型制造企业。

# 第八章　碳关税：能源转型与经济竞争

通过国际贸易的边境调节机制实施减排硬约束，即征收碳关税，是当前全球气候治理领域的前沿议题。欧盟经过内部长期争论后，就推出欧盟版的碳关税达成共识，目前已进入立法程序，欧盟将成为全球首个正式推出碳关税的经济体。在此前航空碳税严重遇挫后，面对来自中、美、俄、日、印等多数国家的反对，欧盟仍然敢于在全球首个推出碳关税，不仅是因为它已经在技术和程序上做好准备，更重要的是在内部已经积累了足够力量。从欧盟内部共识的形成过程看，碳关税在欧盟等发达国家都有深厚的政治、经济和社会基础，反映出西方发达国家在此问题上的真实立场和普遍共性，不会到此止步。碳关税很可能只是全球气候治理调整的一个开始，未来还将出现其他影响更为深远的变化，直接影响到全球气候治理的基本原则和规则。新兴和发展中国家恐将面临更为严峻的减排形势。

2021年3月10日，欧洲议会投票通过"碳边境调整机制"（CBAM）议案。根据该议案，向欧盟出口的国家如果不能遵守碳排放相关规定，欧盟将对这些国家的商品征收边境调节税，也就是碳关税。这是欧盟在航空碳税政策失败后在气候贸易政策领域的又一次大胆尝试。碳关税设想由来已久，但欧盟对此长期持反对态度，一直未能进入立法阶段。2019年，新一届欧委会上任后公布《绿色协议》，将碳关税作为协议的核心内容，同时也是欧盟碳排放交易体系（ETS）第四阶段改革重点工作，正式扭转了其在碳关税问题上的反对立场。目前，碳关税立法在欧盟内部进展顺利，预计最快于2021年中期在部分行业试点，2023年正式实施。如此，欧盟将成为全球首个正式征收碳关税的经济体，这将对全球气候治理和贸易治理都产生重大影响。欧盟之所以转变立场，既与其内部经济、政治和社会变化有关，也与国际政治特别是美欧关系调整有关。欧盟与碳关税有关的一些经济社会因素在发达国家中很有代表性，研究这种转变，对于我们更好应对全球气候治理和贸易环境的变化，更好把握发达国家气候政治发展趋势都有非常积极的意义。

## 一、争论历程

法国是最早提出对外征收碳关税的欧洲国家，其推销碳关税的遭遇清晰反映了欧盟碳关税立场的演变脉络。从2006年法国首次提出至2019年德国公开表态支持，13年间欧盟经历了坚决反对、立场松动和政策转向三个阶段。

### （一）坚决反对期

2006年11月内罗毕气候大会召开，时任法国总理多米尼克·德维尔潘建议对没有签署《京都议定书》国家的工业产品出口征收额外关税，首次提出碳关税。2007年3月，欧盟单方面承诺到2020年将温室气体排放在1990年基础上至少减少20%。由于美国拒绝签署《京都议定书》，该举措将削弱欧盟高排放企业对美国企业的竞争优势。为拉平欧美差距，时任法国总统希拉克在欧盟宣布计划前向小布什施压，要求美国签署《京都议定书》及后续协议，否则欧盟将对包括美国在内不签署协议的国家征收碳税（Carbon Tax）。① 希拉克此举并未在欧盟内部赢得太多支持，欧盟选择采用发放排放配额的方式来补贴高排放企业。2009 年，萨科齐上台后继续呼吁征收碳关税，同样遭到反对。欧盟环境部长会议明确拒绝碳关税提议。时任欧盟轮值主席国瑞典认为，碳关税将破坏欧洲在哥本哈根气候大会的谈判地位，德国则认为征收碳关税是一种新的"生态帝国主义"。②

## （二）立场松动期

奥朗德时期，法国承办联合国第 21 次气候变化大会，将气候问题列为内政外交的重要议程。2012 年 5 月，新上任的法国工业复兴部长阿诺·蒙特堡首次接受采访就抛出碳关税问题，称将推动前任政府在欧盟边境征收碳关税的计划，以保护当地工业免受不正当竞争。蒙特堡宣称，法国已经推动欧委会将此列入工作议程，并将正式计划更名为"碳包容机制"。新计划在形式上做了调整，要求欧洲以外的制造商从欧盟碳排放交易机制（ETS）购买污染许可证，而不是直接征税。③ 该版本提议在欧盟内部引起了一些变化，得到部分欧盟国家的积极响应，欧洲议会对碳关税的热情上升，欧盟在对外交往中更加注重因为减排带来的贸易公平问题。比如 2012 年欧委会与中国开展贸易磋商时，在会谈

---

① Katrin Bennhold, "France Tells U. S. to Sign Climate Pacts or Face Tax," New York Times, Feb. 1, 2007, https：//www. nytimes. com/2007/02/01/world/europe/01climate. html.

② F. Simon, "French to revive Sarkozy's EU carbon tariff idea," Euractiv, May 18, 2012, https：//www. euractiv. com/section/climate – environment/news/french – to – revive – sarkozy – s – eu – carbon – tariff – idea/.

③ F. Simon, "France plans to revive EU carbon tariff," The Guardian, May 18, 2012, https：//www. theguardian. com/environment/2012/may/18/france – eu – carbon – tariff.

中明确提出要在气候方面采取"互惠"举措。但德国和英国担心此举会遭致贸易报复,仍然强烈反对实质性推进,法国此次努力仍以失败告终。

(三) 政策转向和推进期

马克龙上台后继续坚守碳关税立场,虽然在其国内能源改革上遭遇重大挫折,但却在欧盟层面取得了"重大胜利"。2019年9月,德国总理默克尔首次公开表态支持采取碳关税举措。法德发表联合声明,称气候变化是两国政府共同的优先事项,碳边境税应该是一个"选项"。① 同时,曾经激烈反对碳关税的英国已经确定退出欧盟,其反对立场已经难以对欧盟内部事务发挥作用。当年12月,新一届欧委会上任,将气候问题列为优先事项,明确将征收碳关税列入未来三年工作计划。至此,在法国十几年来坚持不懈的推动下,欧盟终于接受了法国的碳关税理念,并付诸立法。目前,虽然欧盟内部仍然有怀疑碳关税的声音,但已很难再改变碳关税政策的大方向。下一步,欧盟碳关税立法所面对的主要压力将从内部转向外部,面对来自美国、俄罗斯、印度等方面的反对。

环境是欧盟一体化程度最高的领域之一,由欧盟集体行使权力。根据欧盟议事规则,立法决策一般先由代表欧洲整体利益的欧委会提出议案,再经代表欧洲各国利益的部长理事会和代表公民利益的欧洲议会来通过,最后由欧委会和各成员国落实。欧洲议会往往会在欧委会提案之前就对一些欧洲社会关心的话题开展讨论,这

---

① Reuters, "France persuades Germany to consider EU carbon border tax," Sep. 20, 2019, https://www.reuters.com/article/us-france-germany-carbonbordertax-idUSKBN1W42BL.

些话题不一定会走向提案，但进入讨论即说明该话题在欧洲已经被部分人接受。部长理事会实行集体决策，只要没有形成妥协，提案就很难通过。当法国提出碳关税设想后，它最先面对欧洲各国政府的接受度，其次是欧洲社会对此有多大接受度，最后是能否走向提案并顺利通过各项技术性和程序性检验。因此，碳关税需要同时在欧洲社会、国家、欧委会（超国家）三个层次取得共识方能推进，这是一个非常复杂的决策过程，影响因素既包括立法方面的直接因素，也包括社会、政治、经济等方面的深层次因素，后者更能反映欧洲社会对气候问题的真实看法。

## 二、内外推手

从欧盟碳关税立法过程看，除法国作为推销员发挥的直接推手作用外，美国和德国在政治上扮演了更加重要的角色，欧委会在此前所做的一系列技术性和程序性努力也为碳关税能顺利通关做足了铺垫。

（一）美国因素：特朗普退出《巴黎协定》成为欧盟碳关税立场转变的分水岭

2017年，特朗普上台后宣布退出《巴黎协定》，这成为欧盟气候政策调整的一个分水岭，对碳关税的立场也开始出现明显转变。欧盟政治界认为，如果特朗普连任两届，美国将长期游离在《巴黎协定》之外，这样可能彻底摧毁《巴黎协定》以及欧盟在此基础上的努力，进而导致全球气候治理失去约束。欧盟单边减排远不能实现全球减排目标，对欧盟自身也不公平，必须建立《巴黎协定》的替代约束措施。① 在 2020 年美国新冠肺炎疫情大暴发之前，特朗普连任的概率非常高，这也导致欧盟推出新气候政策紧迫性日益提高。鉴于欧盟已经建立起较为完备的碳交易体系（ETS），如果将这一体系向全球拓展，让更多国家参与其中，就相当于建立起一个比《巴黎协定》自愿减排更为严格的约束体系。而推广 ETS 的关键一步，就是建立碳边境调节措施，借助欧盟的市场吸引力让更多国家被迫参与 ETS，否则就将面临欧盟的税收惩罚。因此，当马克龙上台后再次提出碳关税设想后，终于在欧盟上下迅速建立共识，这背后特朗普可谓"功不可没"。后来美国大选中拜登获胜，其上台又宣布重返《巴黎协定》，立刻引起了欧盟碳关税政治舆论的微妙变化，有观点认为"欧盟应该减弱碳关税的执行力度"，因为"美国又回来了"。这也从一个侧面证明美国是欧盟碳关税政策最大外部影响因素，碳关税也是美欧气候政治博弈的一个重要结果。

### （二）德国因素：默克尔立场转变提供了关键一票

2005 年默克尔上台，她在位的 16 年基本上与法国推行碳关税的历程重合。德国在欧盟决策中发挥着领导作用，默克尔的态度在很大程度上决定了碳关税能否得以推行。默克尔以中间路线和务实立场著称，她在气候问题上的立场也是如此。她曾多次表态，反对过于激进的气候政策，认为欧盟不应该把气候政策目标定的过

---

① Brain Chang, "Does International Trade Law Permit a Multilateral Border Carbon Adjustment Scheme if the Trump Administration withdraw from the Paris Agreement?", SSRN, May 9, 2017, https://ssrn.com/abstract=2967991.

高。① 德国国内对碳关税等政策也并不十分感兴趣，总体保持一种"沉默的反对"态度。甚至在欧委会已经将绿色政治列为首要任务的今天，德国基民盟新任主席拉舍特仍坚持采取务实的气候政策，认为过度的气候保护会损害德国工业，呼吁把重点放在改革能源体系上。因此，德国实际上是法国推行碳关税的最大阻力，也将是欧盟未来实施碳关税政策的重大不确定因素。2019 年，在马克龙的一再推销下，默克尔态度出现转变，同意投下最关键的一票，至此为碳关税扫清了最大的政治障碍。而默克尔态度之所以转变，除了美国退约所带来的外部冲击，也与德国国内政治的变化密不可分。这涉及到欧洲社会政治层面的一些深层原因。事实上，默克尔本人和不少德国政治家对碳关税仍然充满了担忧。德国经济部经济政策总干事菲利普·斯坦伯格说，碳关税是好概念，但具体如何实施才能有利于我们的经济还需要进行设计。② 德国银行业也反对征收碳关税，在德国储蓄银行联合会的一份报告中，认为碳关税在效率、公平和可行性方面存在严重问题。③

### （三）技术因素：减排损失迫使欧盟制定对冲政策

欧盟从 1997 年《京都议定书》达成后开始制订减排计划，分阶段实现减排目标，不断收紧欧盟企业的碳排放空间。2018 年 2

---

① Claire Stam, "Merkel speaks out against more ambitious EU climate targets," Euractiv, Aug. 27, 2018, https://www.euractiv.com/section/climate-environment/news/merkel-speaks-out-against-more-ambitious-eu-climate-targets/.

② Julian Wettengel, "US keeps wary eye on EU carbon border tax plans," Clean Energy Wire, Mar. 23, 2020, https://www.cleanenergywire.org/news/us-keeps-wary-eye-eu-carbon-border-tax-plans.

③ Alex Dziadosz, "Economists of Germany's largest public bank warn against carbon border tax costs," Clean Energy Wire, Aug. 6, 2020, https://www.cleanenergywire.org/news/economists-germanys-largest-public-bank-warn-against-carbon-border-tax-costs.

月，欧盟通过 ETS 第四阶段改革计划（2021—2030 年），要求减少碳排放配额发放量，从 2021 年起年均减少 2.2%，比第三阶段（1.74%）提高 0.46 个百分点。① 2020 年 11 月，欧盟为启动第四阶段开展准备工作，明确 ETS 涵盖部门的减排量必须在 2005 年水平上减少 43%，在 1990 年水平上至少减少 40%。根据欧盟《绿色协议》制定的目标，到 2030 年欧盟总减排目标达到不少于 1990 年的 55%。② 面对不断加码的减排要求，一些高排放企业为生存而将生产迁出欧盟边境，或者被迫减产、停产，这种行为被欧盟称作"碳泄露"（Carbon Leakage）。一些研究发现，企业在迁往气候政策宽松地区后，整体排放量会超过其原来的规模，导致全球排放水平回升。③ 欧盟认为，从实现减排目标和保护欧盟产业安全两方面考虑，都应该制止"碳泄露"。对此，欧盟在 ETS 第四阶段改革中专门提出要制定规则防止"碳泄露"，一方面从内部减轻高排放企业的压力，防止它们迁出欧洲，规定高迁出风险企业将免费获得排放配额，低风险企业 2026 年之前享受最高 30% 的免费配额。④ 另一方面是加大外部企业进入欧盟市场的成本，通过征收边境调节税等措施，对迁出企业和不遵守减排规定的其他国家企业进行税收惩罚。因此，总体看碳关税是欧盟 ETS 改革和《绿色协议》实施的必要补充措施。

---

① European Commission, "Free allocation," https：//ec. europa. eu/clima/policies/ets/allowances_en.

② European Commission, "A European Green Deal," https：//ec. europa. eu/info/strategy/priorities – 2019 – 2024/european – green – deal_en.

③ T. Nielsen, N. Baumert, A. Kander, et al., "The risk of carbon leakage in global climate agreements," Springer Link, Sep. 16, 2020, https：//doi. org/10. 1007/s10784 – 020 – 09507 – 2; Daniel Gros, "Global Welfare Implications of Carbon Border Taxes", *CEPS Working Document*, No. 315/July 2009.

④ European Commission, "Revision for phase 4 (2021 – 2030)," https：//ec. europa. eu/clima/policies/ets/revision_en.

## （四）程序因素：通过贸易政策调整为欧盟赋权

欧盟不是主权国家，它的权力需要在立法和实施过程中逐步争取。欧盟在环境问题上拥有对外决策权，但如果细化到碳关税这样的具体问题，还缺少相应法律依据。对此，欧盟的解决办法是将碳关税同"贸易公平"问题联系起来，将一些国家宽松的减排政策视作是对企业的排放补贴，将征收碳关税视作开展贸易救济，通过征收边境调节税的方式开展反补贴，由此既可以为碳关税在欧盟内部找到法律依据，也可以令其看起来符合 WTO 规定。[①] 1995 年，欧盟制定了一项名为"贸易防御措施"（Trade Defense Instruments）的机制，授权其开展反补贴和反倾销调查，以保护欧盟企业和市场。但这项规定只有反补贴和反倾销两大工具，要将碳关税纳入其中必须进行改革。巧合的是，2016 年欧盟启动"贸易防御措施现代化"改革工作，2018 年正式通过"贸易防御措施现代化"（Modernized TDI）法案，在原先两大工具的基础上增加"社会责任与环境条款"，授权欧盟就境外企业的社会和环境责任开展调查，并可根据调查结果对企业采取惩罚性报复措施，这给碳关税提供了强有力的执法工具。[②] 在未来碳关税的具体落实中，欧盟将直接依据新版 TDI 开展相关工作。此外，新版 TDI 在为碳关税扫清法律障碍的同时，也支持了发达国家近年来极力鼓吹的所谓"边境后贸易规则"。传统关税在边境上基于商品价值进行征收，至于贸易品在制造中是否遵守相关社会和环境等方面标准，关税无法调节。2012 年前后，美国在亚太地区推动 TPP 谈判，当时各方最关

---

[①] 安琪：《碳边境调节机制与世界贸易组织规则适应性探讨与启示》，《国际石油经济》2020 年第 11 期。

[②] European Commission, "Trade defense," https://ec.europa.eu/trade/policy/accessing-markets/trade-defence/.

注的一个议题是该谈判要进行边境后干预,成员国要遵守协定所要求的社会和环境等方面要求,这在当时被认为是一项革命性举措。① 但这一设想将人权问题同贸易问题挂钩,涉嫌干涉别国的国内问题,也缺少合理的落地举措,引发了巨大争议。欧盟新版 TDI 将气候变化和贸易问题联系起来,为干预边境后问题提供了具体操作工具。

### (五) 资金因素:征收碳关税弥补减排计划资金缺口

根据欧盟规划,《绿色协议》中的有关投资计划需要在未来 10 年筹集约 1 万亿欧元,其中一半资金来自欧盟预算。欧盟预算中,可由成员国共同融资提供的资金约 1140 亿欧元,由欧盟碳排放交易和"投资欧盟"等工具提供的资金约 3000 亿欧元,剩下约 1000 亿欧元由"公正转型机制"(Just Transition Mechanism,JTM)提供。② JTM 的实施需要将欧盟 2021—2027 年长预算规则增加 75 亿欧元,去撬动 400 亿—500 亿欧元公共资金,再加上从其他渠道获得的资金,才能凑够 1000 亿欧元。根据欧盟 2018 年发布的长预算案,2021—2027 年总预算资金约占欧盟国民总收入(GNI)的 1.11%,如果欧盟成员国再多拿出 75 亿欧元,意味着 GNI 占比需要达到 1.17%。③ 1.11% 的预算案原本已经在欧盟内部引起较大争

---

① 郝洁:《全球经济治理体系和规则的深刻变革》,《宏观经济管理》2019 年第 11 期。

② "The European Green Deal Investment Plan and the JTM," en: former, Sep. 3, 2020, https://www.en-former.com/en/the-european-green-deal-investment-plan-and-the-jtm/; Lvallo Kalfin, "The case for a border carbon tax as an own resource to the EU budget," Euractiv, Jan. 21, 2020, https://www.euractiv.com/section/economy-jobs/opinion/the-case-for-a-border-carbon-tax-as-an-own-resource-to-the-eu-budget/.

③ "2021-2027 long-term EU budget," European Commission, https://ec.europa.eu/info/strategy/eu-budget/long-term-eu-budget/2021-2027_en.

议,再度扩大势必遭致反对。而如果不增加总预算额,则意味着要削减其他领域的支出,也将遭到激烈抵制。如何解决这一问题,到现在还没有最后答案。欧洲一些评论认为,应该"羊毛出在羊身上",用碳关税收入弥补资金缺口。① 事实上,近年来欧盟的支出计划不断扩大,一些常用融资手段难以满足需求,再加上英国"脱欧"导致欧盟每年减少约 150 亿欧元收入,如何开源早就摆在欧委会的桌面上。根据 2021—2027 年长预算,欧盟计划在英国"脱欧"后,由成员国按国民收入比例提高缴费额度,并增加欧盟在外部关税收入分配上所占的比重。正是由于这一规定,将会费从占国民收入的 1.03% 增加到 1.11%,包括德国在内的很多成员都表示了不满。这种情况下欧委会如果因为绿色投资进一步提高会费比例,将面临更大压力。当时,该预算案已经提出要设立"资金自给一揽子解决方案"来增加收入,包括在欧盟层面增加对碳排放交易、不可回收塑料包装的征税,恢复"共同统一公司税"制度,对企业提高征税幅度等。碳关税同数字税、塑料税一样,都要肩负给欧盟增收的重任。

## 三、深层原因

碳关税是全球气候治理领域的一项激进创新,在全球面临巨大争议。② 在此前航空碳税严重遇挫后,欧盟仍然敢于在全球首个推出碳关税,面对来自中、美、俄、日等多数国家的反对,不仅是因

---

① Lvallo Kalfin, "The case for a border carbon tax as an own resource to the EU budget," Euractiv, Jan. 21, 2020, https://www.euractiv.com/section/economy-jobs/opinion/the-case-for-a-border-carbon-tax-as-an-own-resource-to-the-eu-budget/.

② 欧委会提出碳关税相关议案后,遭到美、中、俄、日、印等方面的强烈反对,美方态度尤为强硬。

为它已经在政治、技术和程序上做好准备,更重要的是它已经在内部积累了足够力量。

从经济上看,欧盟面临从后工业化到去工业化的焦虑。欧盟早就进入后工业化时代,随着经济全球化的迅猛发展,大量工业部门迁出,工业产出占总产出的比重不断下降,这种后工业化又逐渐演变成虚拟化、去工业化以及产业空心化。如果说后工业化是一种社会发展的表现,那么去工业化就是社会功能萎缩的表现。法国20世纪60年代工业产出占GDP的22%左右,到2019年只剩不到10%,意大利不到15%,荷兰不到11%,比利时约12%,只有德国保持在20%左右。相比之下,中国的工业产出占GDP比重近30%。[①] 金融危机特别是欧债危机表明,一个国家还是要靠实体经济,不能过于去工业化。2012年,欧盟提出再工业化目标,计划到2020年将工业产出占GDP比重提升至20%左右。但据统计,到2019年欧盟制造业产出占GDP比重只有14.4%,比2012年还降低了0.4个百分点,这引起欧盟上下的极大焦虑。[②] 当前,欧盟的气候政策不断加码,一个重要负面影响是迫使高排放企业的迁出,这些企业主要是工业企业,这对欧盟再工业化极为不利,甚至会危及到欧盟的产业安全。2017年,特朗普一上台就宣布退出《巴黎协定》,表面原因是美国不愿参加多边牵头负责,实际上此举是在为美国的国内再工业化让路。欧盟制定了全球领先的减排政策,如果不制定相应的补救措施,一定会导致高排放企业的加速迁出。因此,从这个意义上说,碳关税是披着气候政策外衣的经济安全政策。

从社会上看,是公平主义思潮泛起的一个体现。中产阶级是欧

---

① 上述制造业比重数据查自国家统计局网站。
② 世界银行工业增加值数据,https://data.worldbank.org/indicator/NV.IND.MANF.ZS?locations=EU。

洲的重要政治阶层，他们很关注气候问题，这是欧盟在气候问题上采取领先政策的一个重要原因。但欧洲的中产阶级也很关注公平问题，很多中产阶级认为他们在减排问题上受到了不公正的待遇。德国一项民调显示，绝大多数（90%）德国人支持能源转型，但越来越多的人对转型过程是否公正表示怀疑。有研究发现，大多数德国人（54%）对二氧化碳定价、电动交通和可再生能源等变化持开放态度，但如果他们认为这样的措施对某些社会群体的影响大于对其他社会群体的影响，超过46%的人就不支持此类措施，只有提供某种形式的赔偿，他们才会觉得可接受。[1] 在很多西方民众眼中，如果欧盟严厉的气候政策导致企业迁往亚洲、非洲等地区，导致那里的人们处于恶劣环境，这也是不可接受的。在这些人看来，欧盟不仅要在其境内推进减排事业，也要在世界所有地区推进这项事业，以推动人人平等，包括在美国这样的发达国家。公平主义思潮在西方由来已久，除人们熟知的性别平等、种族平等外，贸易平等也是其中一项重要内容。贸易平等包括国与国之间的国际平等，以及人与人之间的人际平等，前者指的是国与国之间要开展互惠、平等的自由贸易，不能要求对方单边实行自由贸易而自己搞贸易保护；后者指的是贸易品的消费者和生产者要享有同等人权，包括环境权。[2] 近年来，公平主义思潮在发达国家又开始升温，美欧都在对外贸易中对公平贸易做了强调，特朗普时期美国对外贸易政策的核心即是公平贸易。[3] 从某种程度上看，碳关税也是欧盟为满足这样的民意而开发的一种工具。

---

[1] Kerstine Appunn, "Germans remain strongly in favour of energy transition, but want fairer distribution of costs," Clean Energy Wire, Feb. 21, 2019, https://www.cleanenergywire.org/news/germans-remain-strongly-favour-energy-transition-want-fairer-distribution-costs.

[2] 曲如晓、赵方荣：《国际公平贸易运动：一个南北贸易的新潮流》，《国际贸易问题》2009年第10期。

[3] 马雪：《特朗普贸易政策述评》，《美国问题研究》2018年第1期。

从政治上看，是欧洲政党政治格局变迁的结果。金融危机以来，绿党、民粹党的崛起对欧洲政党传统格局产生了严重冲击，欧洲政党格局从原来的中左、中右两大主流演变成中左、中间、中右、极右四大类型。政党格局调整对欧洲内外政策的影响是显而易见的，碳关税是一个缩影。一方面，为了拉拢选民，各个政党都在热点问题上积极表明立场，导致在一些问题上的立场分野比较模糊，尤其是在气候这种中产阶级选民高度关注的问题上，不能采取过于保守的政策，否则很容易失去中间选民，失去执政地位。另一方面，政党格局的分化也使得选票更加分散，欧洲国家原本就很难由一党组阁，当前就更需要组建联合政府，甚至在两个或者多个立场相左的政党之间组建联合政府，政策制定经常相互掣肘。而气候政策往往分歧较小，容易取得共识，也更容易推进。比如，绿党希望加强气候政策，社会党希望推进社会公平，共和党希望保护大企业，民粹党希望以本国为先，而碳关税恰好能满足各党诉求，是难得的利益交汇点。在这样的情况下，如果各党派想做出点成绩，一定不能在相关政策上过于务实或提出反对意见。近年来，默克尔领导的基民盟在选举中接连遭遇失利，2021年大选年开年的两场州议会选举中，基民盟又败给了绿党和社民党，一个很重要的原因是德国人对默克尔长期的中间务实做法产生了厌倦。

从国际上看，是欧盟维护自身地位和影响的重要选择。其一，欧盟需要不断强化自己作为气候变化领先者的地位，在提出全球领先的减排目标的同时，欧盟也要不断制定规则，并推动这些规则走向国际。碳关税就是欧盟制定的最新规则，它不仅有利于欧盟巩固自身的领先地位，还可以借机将欧盟的碳排放交易体系向外推广。其二，在当今国际格局变化中，中美正在将欧盟越来越远地甩在后面，欧盟需要为自己创造新的博弈工具。中美都将欧盟作为重要的经贸伙伴，对欧工业出口规模巨大，碳关税的实施，可以为欧盟在开展欧中、欧美经贸竞争时提供一张牌。其三,英国退出欧盟后,欧盟需要为英国重新建立对欧关系尽可能多地制造麻烦,以便占据有利地位。此前,英国一直反对碳关税,在新的英欧关系谈判中,欧盟则对碳关税咬住不放,迫使英国做出让步。

## 四、几点启示

从上述影响欧盟立场的各类因素看,碳关税在欧盟等发达国家都有深厚的政治、经济和社会基础,反映出西方发达国家在此问题上的共性,不会到此止步。碳关税很可能只是全球气候治理调整的一个开始,未来还将出现其他影响更为深远的变化,直接影响到全球气候治理的基本原则和规则。新兴和发展中国家恐将面临更为严峻的减排形势。

其一,发达国家或在碳关税问题上呈现合流之势。由于减排带来的企业竞争力削弱问题,早就引起了发达国家的关注。尽管美国反对欧盟的碳关税,但在欧盟转变立场之前,美国就已经开始了相关准备。2008 年民主党参议员芭芭拉·伯克瑟提交了《2008 年利伯曼—沃纳气候安全法案》,包含有详细的"碳关税"条款。2009 年其又与克里联合提交《清洁能源就业和美国电力法案》,内容与此前的法案相似。2009 年,美国国会众议院通过《美国清洁能源安全法案》,要求减排不力的国家向美国缴纳"外汇储备津贴"(Foreign Reserve Allowance)。2014 年之后民主党陆续提交了四个版本的《美国碳费法案》草案,包括"碳关税调节"条款。由于共和党反对,这些法案都未能成法。但特朗普上台后强调公平贸易,一些共和党人也开始鼓吹征收碳关税。有研究认为,此前碳关税多由民主党人提出,现在共和党人的加入凸显美国内碳关税立场有合流之势，不排除下阶段美国还会再提出碳关税立法。①② 美欧各自的争论过程表明，发达国家都有提出碳关税的冲动，只是欧盟最先在内部形成共识，并将之做到了实处。欧盟 27 个成员中有 22 个是经合组织成员，集中了全球大多数发达国家，统一的对外贸易政策将这些发达国家加入到碳关税阵营之中。下一步如果美国将碳关税提上日程，发达国家征收碳关税可能将成为一股潮流。

其二，全球气候治理的规则之争将更加激烈。全球减排磋商从 20 世纪 90 年代开始，在近 40 年的时间里，一直坚持自愿减排、自我约束的办法。包括发达国家在内，无法完成减排承诺是非常常见的现象。如果各方对减排机制有意见，需要政府之间通过磋商解决。到目前为止，全球共举办了 25 次《联合国气候变化框架公约》缔约方大会，形成了《京都议定书》《京都议定书延长方案》《巴黎协定》等气候协议，为推动全球减排取得了重大成果。但碳关税的提出和实施，意味着气候谈判从多边的自我约束转向单边的第三方约束，也就是一国如果认为其他国家减排不到位，不是通过政府间谈判，而是通过单边征收附加税的方式进行施压，迫使对象国提升减排力度。碳关税最终实施将具有很强的指向性，它不是根据商品中的含碳量进行普遍性的征收，而是针对某些国家开展调查和征收，具有强烈的单边约束意味。更重要的是，欧盟的长期目标是推动 ETS 全球化，这将从规则底层彻底改变全球气候治理，全球减排机制面临从自我约束到第三方约束的转变。

其三，发展中国家将面临更为严峻的气候压力。"共同但有区别责任"是全球气候治理的基本原则，是涉及到发达国家和发展中国家的历史责任和当代责任的更大公平。欧盟作为发达经济体，

---

① David Lawder, "Biden administration to consider carbon border tax as part of trade agenda," Reuters, Mar. 2, 2021, https：//www.reuters.com/article/us-usa-trade-biden.

② 柴麒敏等：《未雨绸缪应对美国"碳关税"动议》，《瞭望》2018 年第 14 期。

不能要求发展中国家按照与其一样的标准进行排放。欧盟以"公平贸易"为由征收碳关税,如果征税的对象是发展中国家,意味着将排放的历史责任同当代责任混淆,冲击了"共同但有区别责任"原则的有效性。如果征税的对象是美国等发达国家,"公平贸易"还勉强说得通。但随着美国重返《巴黎协定》,其气候政策可能将再度转向积极,加之美国对欧盟碳关税表示了强硬态度,接下来欧盟对美国商品征收碳关税的可能性不高,发展中国家可能将成为欧盟碳关税的主要征收对象。如果欧盟将碳关税的征收范围从目前拟定的钢铁、水泥、化工等向更多行业扩展,将对"共同但有区别责任"原则造成实质性冲击。该惯例一旦形成,可能被引入全球气候谈判,给发展中国家制造不利环境。

中国在总量上是全球最大的温室气体排放国,也是美国和欧盟的第一大贸易伙伴。① 欧盟实施碳关税政策,不仅在贸易上将对中国形成直接冲击,也将在气候治理领域给中国带来正面压力。一旦美欧在相关问题上达成共识,中国将面临更加严峻的形势。经历过此前的航空碳税失败,欧盟此次碳关税立法志在必得,不会轻易让步。且从欧盟推出碳关税的历程来看,其已经做好了充分的法律和技术储备,也不惧怕其他国家诉诸 WTO。对此,新兴和发展中国家必须联合起来,在气候规则、贸易规则及相关交叉领域充分协调立场,尽早提出相关倡议,防止全球气候治理陷入不公正境地。

**延伸阅读**

## 欧洲能源政治的发展

能源—气候政治是当前欧洲政治生活中的重要主题,对欧盟整

---

① 中国 2020 年超过美国成为欧盟第一大贸易伙伴,这一变化可能与疫情有关,疫情结束后欧盟的贸易伙伴情况还可能会发生变化。

体发展方向、欧盟政治生活、成员间关系和成员内政都产生较大影响，甚至正在某些方面重塑欧洲政治。

### 1. 能源—气候政治成为欧盟的重要发展方向

20世纪90年代后，经济全球化迅猛发展，新兴经济体加速崛起，美国绝对实力持续增强，欧洲在国际格局演变中处于不利位置。欧洲亟需找到一个既能维持自身国际影响，又能对经济社会转型有利的发展方向。后来，欧洲政治家发现能源—气候问题非常符合自己的政治口味，既能占据国际道义高地，体现政治存在，也可能在转型中创造出新的经济模式，挽救衰落的欧洲经济。此外，欧洲国家长期以来对外能源依赖严重，能源安全问题一直是欧洲的劣势，能源转型很可能一举扭转这一局面。因此，欧洲逐渐成为对能源—气候问题最积极的地区。过去二十多年来，能源—气候问题在很大程度上拉抬了欧洲的国际地位，成为欧洲软实力的重要组成部分。当然，能源—气候问题也给欧洲国家外交增加了一些负担。比如，因为特朗普上台后与欧洲在能源转型和气候变化问题上的立场不同，能源—气候问题成为美欧之间的重要隔阂。

### 2. 能源—气候政治成为欧洲政治生活中的重要议题

当前的欧洲，能源—气候问题已经成为一种政治正确，在选举中体现的淋漓尽致。比如，环保主义政党在欧洲多国影响力大幅上升，2019年5月欧洲议会选举中，气候和环境保护成为重要主题，多个成员国的环保主义政党异军突起，德国绿党国内得票率为20.5%，英国绿党获得12.4%选票，法国、爱尔兰、芬兰、奥地利等国的绿党也有亮眼表现，绿党党团也成为欧洲议会中第四大党团。绿党参与组阁的芬兰政府宣布2035年前实现"碳中和"，比原计划提早10年，意在成为首个放弃化石燃料的工业国。2019年，一位16岁瑞典女孩因为强调极端环保，成为世界性话题人物，充分体现了能源—气候问题在欧洲政治生活中的影响力。同时，能源—气候政治也在许多国家造成了社会问题。法国马克龙政府能源政策遭到社会激烈反弹，2018年底爆发持续数月的"黄马甲"运动，起初要求政府修改支持可再生能源发展的燃油税计划，后来逐渐发展到更广泛的社会政治议题。德国大量煤矿工人反对过快推进能源转型，德国"煤炭退出计划"遭遇强烈反对，最终不得不将关闭煤电的时间从2022年推迟到2038年。

### 3. 能源—气候政治成为欧盟协调成员关系的重要内容

欧盟利用其一体化优势制定能源转型规划整体性推进。但欧洲内部围绕能源—气候问题的大辩论一直存在，既包括战略层面的能源转型与气候变化的先后顺序问题，也包括技术层面的减排目标、碳交易市场甚至具体的补贴问题。为协调不同立场，欧盟在顶层付出巨大政治资源，先后出台《2020年气候和能源一揽子计划》《2030年气候与能源框架》规划，两份文件对能源与气候的顺序做了调整，充分体现出欧洲内部政治协调。此外，当前欧洲内部发展分裂趋势明显，南北、东西差异增大，各成员国社会层面不同认识的裂痕也在加大，欧盟协调成员国的难度大幅上升，不得不增加相关规划在实施中的灵活性，事实上在不断放慢能源转型的脚步。比如，相比2020文件，2030文件不再具体设定成员国约束性量化指标，只对总份额进行规定。

# 第九章　碳危机：能源转型与新型危机

　　2021年以来，全球能源价格持续上涨，对经济社会发展造成了明显影响，引发各方高度关注。这次能源市场波动振幅比较大，持续时间长、波及范围广，影响的层次也比较深，有不少分析认为这些现象已经构成了一次能源危机。从诸多方面看，这次能源市场波动从发展过程、主要特点到触发原因、外溢效应，与以往国际能源市场所遇到的危机都有很大不同。特别是，这次波动发生在新冠肺炎疫情不断发酵、能源转型加速推进、世界市场深化调整、国际政治格局重塑、各国环保思潮涌动的特殊时期。这次市场波动，既是这些外部因素作用在能源领域的结果，也是相关领域调整变化的一个缩影。观察和分析这次能源市场波动，不仅有助于我们理解当今能源体系的变革趋势，也有助于我们把握新阶段能源与政治、能源与资本、能源与社会等方面的新关系，更好地预判能源市场的未来走势。

## 一、形势回顾

　　2021年2月，受一场空前北极寒潮影响，美国大部分地区气温骤降。得克萨斯州遭重创，部分电网中断，能源生产设施关闭，电力价格一度升至平时电价的 100 倍，达到每度 9 美元的历史高价，百万户家庭轮流停电，数十人被冻死。这场发生在能源州的能源危机，引发了人们对美国内能源市场设计的质疑。有分析认为，极端天气并非得州能源危机的唯一原因，基础设施年久失修、电力系统设计缺陷以及政府缺乏充分预案都是原因。得州能源危机造成短期舆论关注，但各方更多是将此作为一个孤立事件进行分析，未引发对能源转型时代全球能源体系的深入思考，也未分析背后的系统性原因并做风险预警。

在这场波及美国地方的能源危机之后，紧接着就出现了一场波及范围更广、持续事件更长、影响更深的全球性能源市场紧张局面。从 2021 年初开始，欧洲部分国家的天然气和电力价格出现加速上升趋势，随后煤炭价格也开始上涨，迭创历史新高。10 月 5 日，被视为欧洲天然气价格风向标的荷兰天然气期货价格（TTF）突破 116 欧元/兆瓦时，比一年前上涨近 10 倍[①]；德国天然气价格涨幅超过 2 倍，英国天然气价格涨幅接近 3 倍；意大利、西班牙、法国电价涨幅均超过 1 倍，部分国家超过 5 倍。美国、印度等国的能源价格也出现大幅上涨，10 月美国内煤炭价格比年初上涨 4 倍，天然气价格 10 月 5 日创 13 年新高。更具战略影响的是，国际油价从 8 月中旬持续上涨，触发了国际能源市场最敏感的神经。9 月 28 日，布伦特油价三年来首次突破 80 美元，10 月 11 日 WTI 油价亦突破 80 美元，达到 7 年来最高水平。之后国际油价继续上扬，10 月 19 日布伦特油价一度接近 86 美元，引发人们对国际能源市场的更大关注。

随着能源价格持续上涨，各主要国家开始推出应对措施，围绕能源供应的国家间互动也密集展开，一定程度上缓解了能源价格上

---

① Dutch TTF Gas Futures, https：//www.theice.com/products/27996665/Dutch‐TTF‐Gas‐Futures/data? marketId=5285051&span=3.

涨趋势。美国能源部长10月份多次表示,将采取必要手段应对能源价格上涨,不排除动用战略石油储备甚至暂停石油出口;欧盟10月初公布了应对能源价格上涨的短期和中期计划,首先确保必要人群和产业的能源需求,防止能源贫困,而部分成员国则启动发放能源补贴;英国政府讨论出台救市措施,支持能源行业渡过难关。此外,美欧等持续施压欧佩克和俄罗斯等国增加能源产出,尽管后者的回应并不积极,但仍在一定程度上发挥了作用。10月底,普京要求俄罗斯天然气工业股份公司在条件允许时增加对欧天然气供应量,欧洲天然气价格和电力价格应声下跌。至此,持续近一年的能源紧张局势开始出现放缓趋势。

2022年的全球能源市场仍然充满不确定性。2021年11月4日欧佩克会议结束后,沙特阿拉伯能源大臣阿卜杜勒·阿奇兹表示,逐步增加石油产量是正确的做法,虽然看到了需求增长,但仍然担心市场的不确定性。阿联酋石油部长则认为,2022年将出现石油过剩,欧佩克的目标是维持市场平衡,而不是维持具体价格。"欧佩克+"拒绝大量增产的做法遭到美、欧、日等消费国的批评,认为这种做法不利于全球经济复苏。11月23日,美国宣布将协调日本、印度等国释放原油储备,稳定能源市场,其中美国率先释放5000万桶原油储备。至此,本轮能源危机又开始沿着传统的能源消费国与生产国博弈路线推进。从这一系列变化看,能源政治、地缘政治等一些影响能源市场的传统因素正在"回归",疫情、气候变化、能源转型等非传统因素也在继续发挥作用,具体价格将如何变动仍难以预测。

## 二、主要特点

本轮能源市场波动特点突出,主要表现在波动发生、发展的渐进性，波及范围的广泛性，不同地域、不同领域的联动性，对能源体系本身的颠覆性，以及是否构成能源危机的争议性五个方面。特别是，业内对本轮市场波动是否构成一次能源危机有较大争论，这也造成了各国应对政策的差异。

## （一）渐进性

从本轮波动的形成和发展过程看，其经历了一个供需矛盾逐渐累积、波动逐渐加强的过程，并没有出现一个由外部因素所致的突然供应中断。多数情况下，危机由突发事件冲击引发，并在短时间内集中爆发，事件发生的时点也就是危机的"原点"。例如中东战争、两伊战争、海湾战争引发石油危机，2011年利比亚战争引起国际油价飙升，雷曼兄弟破产引发金融危机等。这次能源危机很难找到爆发的"原点"，缺少特定的供应中断冲击。新冠肺炎疫情发生在2020年初，给能源市场造成的影响是供大于求、生产过剩、价格下跌，能源市场通过减产等办法自己慢慢消化这些影响，并没有反过来去影响经济和社会发展。进入2021年，经济逐渐复苏、需求逐渐扩大，叠加其他一些因素的影响，能源价格的上升从一个国家蔓延到另一个国家，最终形成了多数国家都出现能源价格上涨的现象。在这期间，能源价格上涨保持了一个相对适中的"涨速"，特别是国际油价上涨并不快，未能引起国际社会足够重视。直到2021年的8月、9月，价格已经被推到一个相当高的水平后才被各方所注意到。主要国家的应对举措基本都是在9月之后才慢慢推出的。也正是因为这种渐进性，使得本轮能源波动缺少了以往能源危机那种强烈的冲击力，导致很多观点反对将之称为危机。事实上，如果将欧洲天然气价格在2021年1—9月内涨幅缩短到1个月，市场马上就会发现这是一次严重的冲击。

## （二）广泛性

本轮能源波动涉及地域、领域十分广泛，从发达国家到新兴市场国家和发展中国家，从煤炭、石油到天然气，从一次能源到二次能源，从居民日常生活到工业生产，从世界经济到国际政治，诸多方面均在波及范围之内。欧洲是这次受能源市场波动的热点地区，能源价格涨幅位居全球之首，欧洲也是当前大国能源政治博弈的焦点，美、俄、欧正在围绕天然气问题展开新一轮能源政治互动。美国近年来受页岩油气开发利好，市场长期享受低油价带来的好处，但本轮能源价格上涨也波及到美国，飓风"艾达"等极端天气袭击墨西哥湾，对美国能源生产造成严重冲击，进一步推升了能源价格。部分东亚和南亚地区国家，也遭遇了能源价格明显上涨，但多与外部市场的需求增加有关，更多体现的是良性特征。从生产领域看，直接用能行业遭受的打击最为明显，化石能源发电行业正在遭受一场严重危机，大量燃煤、燃气发电厂严重亏损，英国等国家出现能源供应商成批破产倒闭的现象。其他如石化行业也遭到连锁冲击，化肥行业大幅减产、停产，价格升至近十年来最高水平。能源价格叠加粮食和日用品价格上涨，导致许多普通民众生活陷入困难。

## （三）联动性

此次全球性的能源供给短缺并非是经济系统中的孤立现象，自新冠肺炎疫情发生以来，许多行业都出现了供应短缺和价格上涨现象，有的行业比能源领域更加严重。能源价格波动，在不同领域、不同地域之间存在明显的联动性，可能是由经济中的某种共同因素导致的，存在相互的因果关系。例如，疫情发生以来，全球先后遭遇疫苗领域的"一针难求"、海运领域的"一箱难求"、制造业芯片供应"一芯难求"等情况。全球除能源之外的大宗商品也开始出现价格上涨，特别是部分粮食品种价格上涨幅度惊人，联合国粮农组织统计发现，从 2020 年 5 月份开始，谷物、肉类、植物油和糖等农产品连续 12 个月上涨，全球粮价上涨了 40%，粮价指数同比增长 32.8%；[1] 2021 年，美国内部分地区开始出现罕见的日用商品短缺，大量商品堵在港口无法运往商店；英国超市日用品也出现严重短缺现象。

### （四）颠覆性

能源是影响经济社会发展的系统性因素，能源领域爆发的危机或大幅调整、震荡，往往会给经济社会领域带来颠覆性影响：工业革命以来，人类社会面貌的巨大变化，均与能源应用的革命性发展密不可分；两次石油危机重塑了国际能源市场格局，给国际政治带来了巨大变化。本轮能源市场波动尽管不如历史上的危机影响明显，但也带来了不少颠覆性影响：首先，能源价格的形成发生调整，需求端作用更为明显，油气消费国比生产国扮演了更为重要的角色。油气生产国在历次能源市场波动中都扮演了主要角色，供给端调整是影响价格的直接因素。但在本轮波动中，消费国、需求端的作用更加明显，生产国相对而言仅发挥了配角作用。其次，不同能源品种的影响发生调整，二次能源的中介作用更加明显。天然气和煤炭价格调整受到空前的关注，油价调整滞后于天然气，很大程度上是天然气价格上涨的结果。同时，电力需求和电力价格将成为需求传导至供给端的中介，因此电价是否采取市场形成机制、电力

---

[1] FAO, "FAO Food Price Index rises further in September," Oct. 7, 2021, https://www.fao.org/newsroom/detail/fao-food-price-index-rises-further-07-10-2021/en.

市场设计是否完善，对于整个能源市场的安全稳定运行至关重要。最后，能源市场化石能源和替代能源的二元特性更加明显，两个市场相互影响将成为今后能源体系发展的重要特征。能源转型在此次能源市场波动中扮演何种角色，备受业内关注。有很多观点认为，当前可再生能源出力不足，而化石能源在转型调整下投资不足，正是这"两个不足"叠加放大了此次市场波动。

## （五）争议性

关于本轮市场波动是否构成一次能源危机，在业内引发了较大争论。支持者认为，能源价格持续上涨严重偏离市场正轨，造成了强烈的悲观预期，能源体系严重失序，必须动用政府干预才能打破能源供给瓶颈，否则能源市场短期内难以回调，势必造成更大影响，因此构成了一次能源危机。反对者认为，能源价格上涨准确反映了供需矛盾，市场仍在有效运转，是新冠肺炎疫情、极端天气、气候治理、地缘政治、世界经济等外部因素在阻碍供给扩张和供应链的健康运行，政府应该从这些领域着手进行调控，过度的直接干预反而会破坏能源市场的运行，能源市场本身没有危机，是整个经济体系在疫情等条件下出现了秩序失调。这种争议给部分国家和地区的应对政策造成了一定程度的混乱。在2021年的欧盟秋季峰会上，关于能源价格的辩论呈现出三方对立态势，以德国和欧盟委员会为首的阵营认为，此次危机是一种特殊情况，尤其是考虑到新冠肺炎疫情危机后的全球经济复苏，除了为家庭和企业提供短期帮助之外，没有采取行动的迫切需要；以西班牙和法国为代表的阵营则呼吁进行彻底改革，包括推动电价和天然气价格脱钩；以波兰和匈牙利为首的阵营则强烈质疑欧盟的气候目标，认为这是能源价格上升的主要推手，并且不符合欧盟成员实际情况。这种争论事实上进一步加剧了欧盟内部在气候能源政策上的分裂。

## 三、影响因素

### （一）经济基本面仍是决定能源市场走势的最大基础

2020年世界经济遭受疫情重大冲击，负增长4.4%，创下近50年来世界经济最大跌幅。① 同年世界能源市场也遭受重创，全球一次能源消费下降4.5%，创1945年以来的最大跌幅；② 能源价格也跌至谷底，甚至出现负数，由此导致能源生产国大幅减产。从另外一组数据看，2020年中国经济在疫情得到有效控制的前提下增长2.3%，全年能源消费总量增长2.2%，③ 当年中国天然气进口量增加5.3%，但进口额却下降了19.8%④。进入2021年，世界经济又出现明显反弹，各大机构预计2021年的世界经济将呈现近50年来最快增速，有可能超过5%，而能源需求也大幅回升，国际能源署（IEA）预计全年能源需求将增长4.6%，⑤ 由于能源增产一时跟不上，导致能源价格应声上涨，国际油价已经回到7年前水平。对比这几组数据可以发现，整体性的能源需求与经济基本面完全一致，充分证明经济基本面仍是决定能源市场走势的最大基础，也是能源决策的最大基础，不能脱离市场基本面去孤立地看待能源市场

---

① 国际货币基金组织世界经济展望数据库，https://www.imf.org/en/Publications/SPROLLS/world-economic-outlook-databases。
② BP：《世界能源统计年鉴（2021）》，https://www.bp.com/zh_cn/china/home/news/reports/statistical-review-2021.html。
③ 国家统计局：《2020年全国能源消费总量49.8亿吨标准煤》，https://www.china5e.com/news/news-1110334-1.html。
④ 中华人民共和国海关总署：统计快讯，http://www.customs.gov.cn/customs/302249/302274/302275/index.html。
⑤ IEA, "Global Energy Review 2021," April 2021, https://www.iea.org/reports/global-energy-review-2021?mode=overview.

和制定能源政策。

## （二）多种外部因素叠加形成了导致能源危机的"完美风暴"

"完美风暴"一词被用来形容由各种情形的罕见汇合而引起的超常强度现象，这次的能源市场危机，是一场标准的"完美风暴"。在不到两年的时间里，国际能源市场遭受世纪疫情、罕见灾情、经济萎缩、需求反弹以及全球减排约束增强等各方面因素的轮番、同时打击：覆盖全球的疫情完全打乱了世界经济秩序，供应链陷入只有世界大战期间才会出现的乱局，部分国家的通货膨胀水平持续高涨，都对能源供应紧张和价格上涨起到推手作用；从美洲到亚洲、欧洲，寒潮、热浪、飓风、暴雨、洪水等极端天气打乱了能源生产与消费，市场呈现跳跃式波动；全球减排约束空前增强，能源安全的多元化策略在一些地区被严重削弱，如何应对能源危机引发了空前的争议；未来预期不确定性增大，能源出口国、油气大企业面对市场变化极为谨慎，调整更为保守。过去 50 年来，全球曾多次遭遇不同程度的能源危机，但从没有形成像今天这样的多线条、多领域的复杂局面。

## （三）转型中脆弱的能源市场尚未建立抵御冲击的自我调整机制

造成此次能源危机的原因是复杂的，不能武断地将之归结于能源转型。但客观来说，转型中的全球能源系统正处在脆弱的磨合阶段，各方面机制尚未健全，不但不能自动抵御外部强力冲击，甚至还需要政策的保护才能发展。天然气被许多国家视为能源转型期间的重要过渡能源，近年来国际需求持续增加，但天然气与石油有很大不同，天然气供应季节波动性强、价格波动幅度大、定价机制分散、输送和存储要求高，如果将天然气作为主要能源，必须建立十分完备的能源安全政策和基础设施。但各国对天然气储备的重视程度并不一致，此次欧盟遭受严峻的天然气供给危机，与其没有在夏季建立足够的储备有直接关系。2020年，英国全部发电量中可再生能源占比达到43%，超出化石能源6个百分点，创造了67天的无煤发电周期纪录，使英国成为能源转型的佼佼者。但2021年英国北海地区出现长时间的无风或低风状态，风力发电出现断崖式下降，一下子打乱了英国的电力格局，又导致英国成为欧洲能源问题最严峻的国家。

（四）气候变化加速全球资本重新分配导致化石能源调整能力下降

近几年来，气候变化成为投资的一个重要风向标，低碳成为一个重要标准，对全球资本的再分配效应越来越明显。目前，越来越多的机构开始看空化石能源，资本加速奔向可再生能源市场。部分投资机构在其投资目录中将化石能源及相关行业剔除，比如贝莱德2020年就宣布将不再资助化石燃料开发，退出动力煤市场，也不投资那些动力煤收入超过公司总收入25%的公司。[①] 2019年，欧盟金融投资机构欧洲投资银行（EIB）就宣布，为应对气候变化挑战，将在2021年底前停止为一切化石能源项目提供贷款，包括燃煤发电及天然气发电项目。苹果公司在2020年宣布，计划到2030年实现将所有业务、生产供应链及产品生命周期净碳排放量降至

---

① Black Rock, "Sustainability as Blackrock's New Standard for Investing," https://www.blackrock.com/au/individual/blackrock - client - letter.

零，实现碳中和。类似的变化导致化石能源市场投资不足，国际能源署评估认为，2021年全球石油和天然气投资总额将降至3560亿美元，比疫情前下降约26%。[①] 化石能源行业对于未来投资动力不足，更没有足够的动力在短暂出现的能源市场波动中做出过多调整。

## （五）主要国家和多边机构应对迟缓未能及时扭转局面

面对当前这种复杂的能源危机局面，各国政府都面临大小不一的政策"焦虑"，难以果断推出相应政策，部分已经推出的政策或表态偏向保守，市场反应必然一般。欧盟地区自2021年初即开始出现明显的能源价格上涨，部分成员国在5月、6月就已经感到难以支撑，但欧盟委员会直到9月下旬才开始将能源供应问题纳入正式讨论，推出的短期应对举措力度偏弱，中长期举措目标也不够明确。在解决外部能源供应，即增加从俄罗斯的天然气进口方面，欧盟也没有显示出足够的魄力。作为能源转型的"激进分子"和化石能源禀赋的"落后分子"，欧盟不愿意因能源供应紧张重启化石能源消费，但又担心能源危机加重会危及其政治稳定，在犹豫和争议中难以推出有突破性的政策。G20作为全球治理的重要平台，也没有在能源危机中发挥应有的作用，2021年10月底意大利罗马峰会声明未能就能源供应问题做出任何有实质性意义的举措。

---

① C. M. Mathews, Collin Eaton, Benoit Faucon, "Behind the Energy Crisis: Fossil Fuel Investment Drops, and Renewables Aren't Ready," Tht Wall Street Journal, Oct. 17, 2021, https://www.wsj.com/articles/energy-crisis-fossil-fuel-investment-renewables-gas-oil-prices-coal-wind-solar-hydro-power-grid-11634497531.

## 四、结论与思考

　　这次危机发生的过程、表现和原因,与全球曾经遭遇的两次石油危机,以及多次价格震荡、供应中断都有很大不同,是在特殊背景和条件下发生的一场新型能源危机。未来几年,全球能源转型很可能将出现明显加速,能源危机的面貌也将因之不断调整。至少应该引起我们四个方面的思考。

　　第一,如何看待转型与危机的关系。能源转型是否导致了这次能源危机尚无定论,但是能源转型塑造了这次能源危机却是毫无疑问的。正是能源转型塑造了危机前的全球能源格局,才使得电力和天然气问题尤为突出,而石油则首次成为配角。否则,能源危机应该首先表现在油价,而不是电价和气价上。未来,能源转型还将继续推动全球能源格局加速演变,低碳化、电气化、智能化水平将进一步提升,化石能源占比将进一步下降,能源危机的表现也将变得很不相同。

　　第二,如何看待市场在能源危机中的作用。能源价格的变化,是市场提供给供需双方和监管者的宝贵信号,一个运行完善的市场,应该能够准确、即时地将供需情况反映到价格上,帮助供需双方及时调整策略,特别是帮助监管者及时发现能源领域的重大风险。能源体系极为庞杂,除价格外,很难再有一个指标反映忠实、即时、直观的情况。2020年出现负油价,2021年出现高电价,反映出的不是市场失灵,而是市场仍在运转。保证价格处在合理区间,保的不是价格本身,而是决定价格的供需等因素。

　　第三,如何看待能源地缘政治的发展趋势。以前历次能源危机和价格波动,总有观点将矛头指向政治因素,特别是地缘政治因素。但在这次危机中,人们普遍把目光放在了能源市场本身,以及疫情带来的种种条件变化上，地缘政治首次没有进入视野。虽然在危机发展的后期，出现了美、俄、欧之间的天然气博弈，但与以往相比，地缘政治也首次成为解决问题，而不是造成问题的因素。随着能源转型的持续推进，能源地缘政治将是受影响最大、最显著的领域之一，这将深刻影响全球能源格局的演变。

第四，维护和塑造能源安全的新思路。这次能源危机的细节充分表明，随着能源转型的推进，维护能源安全面临的约束条件日益多元，但塑造能源安全的条件和手段也更加多样，传统意义上能源禀赋较差、能源安全风险较大的国家，完全有可能在转型后实现更加安全的能源环境。当前要维护能源安全，不仅要推进实施能源安全大战略，还要实时关注诸如转型技术、减排趋势、原材料、网络、消费市场、社会转型等诸多方面，任何一方面有缺失，都可能造成本国能源战略面临风险。如果把这些方面都进行深入研究并合理推进，则可能产生颠覆性影响，彻底改变本国的能源安全条件，实现更可持续、更为稳固的能源安全。

# 第十章　碳风险：能源转型与国家安全

2020年9月，习近平主席在第75届联合国大会上宣布，中国二氧化碳排放力争于2030年前达到峰值，努力争取2060年前实现碳中和；12月，习近平主席又在联合国气候雄心峰会上进一步宣布中国国家自主贡献新举措，到2030年中国单位国内生产总值二氧化碳排放将比2005年下降65%以上，非化石能源占一次能源消费比重将达到25%左右。2020年底，中央经济工作会议将"做好碳达峰、碳中和工作"作为2021年重点部署的八大任务之一。2021年3月，《中华人民共和国国民经济和社会发展第十四个五年规划和2035年远景目标纲要》将上述目标写入，为积极应对气候变化列出了更加明确的工作内容。2021年底的中央经济工作会议，提出新发展阶段需要正确认识和把握的理论和实践问题，其中一项就是实现碳中和、碳达峰，将防范风险放在非常重要的位置上。

气候与生产生活息息相关，涵盖一系列经济和社会问题，应对气候挑战是一项全球性、综合性、历史性工程。回顾自20世纪90年代以来的全球减排进程，各国取得了很多成就，但也遇到了不少问题，其中一些问题具有明显的风险性特征。要更好推进减排事业，稳健推进碳达峰、碳中和进程，需要提早着眼风险防范。本章主要介绍了全球加快减排事业可能产生的外部经济风险，包括碳壁垒风险、碳交易风险、碳融资风险、碳债务风险、碳技术风险、碳材料风险、碳足迹风险、竞争力风险、周期性风险、系统性风险十个部分。

## 一、碳壁垒风险

2021年3月10日，欧洲议会投票通过"碳边界调整机制"（CBAM）议案。根据该议案，向欧盟出口的国家如果不能遵守温室气体排放相关规定，欧盟将对这些国家的商品征收边境调节税，也就是碳关税。欧盟碳关税计划于2021年在部分行业试点，2023年初正式实施。欧盟制定碳关税的主要考虑是保护其境内高排放行业的竞争力，在设计上沿用反倾销、反补贴工作思路，有很强的目标指向性，实质上是一种新型的贸易保护主义，代表了碳贸易壁垒的最新发展。碳关税的概念早在2007年就被提出了，但由于其明显的贸易保护主义内涵而遭到强烈反对，一直未能推进。在经历数十年讨论后，欧盟内部终于就此问题达成共识，若能最终实施，将引领碳壁垒的先河，很可能引发更多国家效仿。事实上，美国和欧盟很早就注意到了减排可能导致的企业竞争力削弱问题，美国曾于2009年提出《清洁能源安全法案》，要求减排不力的国家向美国缴纳"外汇储备津贴"（Foreign Reserve Allowance），也就是排放税，但该法案最终未能通过参议院投票。特朗普上台后，美国虽然在气候问题上政策消极，但在涉及气候和贸易的交叉领域却很积极，有不少共和党人开始转向支持碳关税，以保护美国企业。目前，美国国内的碳关税立场也逐步转向积极，两党在此问题上有合流之势。3月底，美国贸易代表办公室称，将考虑征收碳关税。中国既是全球贸易大国，也是全球温室气体排放大国，出口贸易中有相当比例的产品属于高排放产业。高盛集团预计，如果按照100美元一吨的价格征收碳关税，中国对欧盟总出口每年被征收的碳税将高达350

亿美元,约占中国对欧总出口额的 7.5%,这将对中欧贸易产生明显冲击。① 而欧盟在吸取此前航空碳税失败教训的基础上,围绕碳关税做了充分的法律和技术准备,诉诸国际仲裁将是一场硬仗。

## 二、碳交易风险

碳市场的主要功能是对温室气体排放权进行交易,通过限制总量、调剂配额等方式推进节能减排,涉及碳定价和市场机制等核心问题。截至目前,全球共建立了 33 个碳排放交易体系(包括超国家、国家和地区级系统),占全球排放量的 16%,全球 GDP 的 54%,覆盖全球约三分之一人口,但尚没有全球统一的交易体系。② 不同交易体系下的碳定价与碳交易模式存在较大差异,将引发不同碳市场之间的激烈竞争与合作。企业可以选择迁往碳定价更低的国家地区,或只征收碳税以及没有建立碳交易的地区,以降低成本。进口国也可能以出口国的碳定价过低和碳交易方式不合理为由,对相关商品开展反倾销、反补贴调查,并征收惩罚性碳税。比如,2020 年 7—8 月份,欧盟碳价一度突破 30 欧元/吨,而中国北京地区同期碳价不超过 90 元/吨,重庆地区仅为 5.6 元/吨,存在巨大差异。2021 年 2 月,中国《碳排放权交易管理办法(试行)》正式实施,全国碳排放权交易市场计划 6 月底正式启动,预计到 2030 年有望达到 93 元/吨,21 世纪中叶将超过 167 元/吨,与发达

---

① 高盛报告:《碳经济学——中国走向净零碳排放之路:清洁能源技术革新》,https://www.goldmansachs.com/worldwide/greater-china/insights/china-net-zero-f/report.pdf。

② ICAP 报告:《全球碳市场进展 2021 年度报告》,https://icapcarbonaction.com/en/icap-status-report-2021。

国家相比仍然较低。① 碳价过低无法约束排放，但过高的碳价又会限制经济增长，与中国所处的发展阶段不匹配，导致相关政策和碳市场运行的空间相对狭窄。此外，从气候治理层面看，不同交易体系的竞争涉及规则与份额争夺，以及更深层的经济社会治理理念之争。欧盟碳排放交易体系是全球最早建立的跨国家碳交易体系，实行配额交易，并具有跨国交易经验，其一直谋划通过航空碳税、航运碳税、碳关税等手段将更多国家的企业和商品纳入其交易体系，最终拓展为准全球交易体系，占据全球气候规则的制高地。中国碳交易体系上线后，将成为全球最大的碳市场，届时围绕市场、规则等领域的竞争也将更加激烈。

## 三、碳融资风险

推进减排需要在能源和基础设施等领域进行大规模投资。根据国际可再生能源机构估算，要实现《巴黎协定》中将全球温升控制在低于 2℃ 的目标，用于可再生能源的年均投资将从现在的 3000 亿美元增加到约 8000 亿美元。② 欧盟《绿色协议》计划在未来 10 年筹集 1 万亿欧元用于绿色投资，美国正在规划的 2 万亿美元刺激法案计划向能源转型项目投资 3000 亿—6000 亿美元，英国政府认

---

① Huw Slater、龙迪、钱国强等：《2020 年中国碳价调查》，中国碳论坛、ICF 国际咨询、北京中创碳投，2020 年 12 月，http://www.chinacarbon.info/wp-content/uploads/2020/12/2020-CCPS-CN.pdf。

② IRENA Report, "Perspectives for the energy transition: Investment needs for a low-carbon energy system," March 2017, https://www.irena.org/publications/2017/Mar/Perspectives-for-the-energy-transition-Investment-needs-for-a-low-carbon-energy-system; IRENA, "Global Landscape of Renewable Energy Finance 2020," November 2020, https://www.irena.org/publications/2020/Nov/Global-Landscape-of-Renewable-Energy-Finance-2020.

为到 2050 年实现净零排放每年需支出 500 亿英镑。① 但这些资金需求普遍面临巨大缺口，资金不足已经成为许多国家能源转型战略的最大障碍。根据《巴黎协定》，发达国家要在气候领域向发展中国家提供资金和技术援助，但目前来看这些援助或更加难以到位。中国力争于 2030 年实现碳达峰，争取 2060 年实现碳中和，这将需要比欧盟和美国更快的减排速度，也需要更大的资金投入。国际咨询机构 CPI（气候政策倡议）研究认为，目前中国绿色融资年均总量为 3200 亿美元，未来需要在此基础上扩大 4 倍，达到 1.4 万亿美元，才能满足预计的绿色投资需求。考虑到中国的排放目标基于碳排放强度，而不是绝对值，实际投资需求可能更高。② 清华大学气候变化与可持续发展研究院研究估算，在温度升幅被控制在 2℃ 或 1.5℃ 目标下，未来 30 年中国能源系统需要新增投资约 100 万亿—138 万亿元，意味着每年的相关投资约占 GDP 的 1.5%—2.5% 以上。③ 高盛研究报告称，75% 的脱碳对中国而言意味着每年成本为 7200 亿美元，到 2060 年中国清洁能源技术基础设施投资规模将达到 16 万亿美元（约合 104 亿元人民币）。④ 如此大规模资金投入单靠国内资本可能是不够的，必须要吸引国际投资。但在全球绿色投资紧缺情况下，中国要吸引到足够的国际资本，就必须拿出更高、更稳定的回报率。

---

① "How will acting on climate change affect the economy?", Imperial College London, https://www.imperial.ac.uk/grantham/publications/climate-change-faqs/how-will-acting-on-climate-change-affect-the-economy/.

② CPI 报告：《中国扩大气候金融规模的潜力》，2021 年 2 月，https://www.climatepolicyinitiative.org/wp-content/uploads/2021/02/-2.pdf。

③ 清华大学气候变化与可持续发展研究院报告：《中国低碳发展战略与转型路径研究（2020）》，《中国人口·资源与环境》2020 年第 11 期，第 1—25 页。

④ 高盛报告：《碳经济学——中国走向净零碳排放之路：清洁能源技术革新》，2021 年 1 月 20 日，https://www.goldmansachs.com/worldwide/greater-china/insights/china-net-zero-f/report.pdf。

## 四、碳债务风险

国际货币基金组织 2020 年的一项研究发现，一国应对气候变化的能力，可以直接影响其主权信誉和债务成本。这项研究使用了 1995—2017 年包含 67 个国家的数据，发现一国的气候变化脆弱性每上升 10 个百分点，其长期（10 年期）政府债与美国国债的利差就会上升大约 30 个基点，气候变化韧性每提高 10 个百分点，其长期政府债利差就会下降 7.5 个基点。按照国家发展程度分，会发现气候变化对发达经济体信用评级没有显著影响，但对新兴市场和发展中经济体的影响要大得多。同时，研究还发现与气候韧性更强的国家相比，气候变化脆弱性较高的国家面临着更高的债务违约概率。[①] 联合国环境计划署委托英国伦敦帝国理工大学的一项研究也表明，2008—2018 年，气候脆弱性致使部分发展中国家的平均债务成本提高了 117 个基点，意味着仅政府债务就增加了 400 亿美元的利息支出。[②] 剑桥大学等机构的研究发现，2030 年之前，将有 63 个国家的信用评级可能会因气候变迁而遭到调降，这一数量约占标普全球、惠誉、穆迪三大评级机构给予评级的国家的半数。其中，受影响最明显的国家包括中国、智利、马来西亚、墨西哥，到 21 世纪结束时可能已被调降六个级距；美国、德国、加拿大、澳

---

[①] Serhan Cevik, J. Tovar Jalles, "Feeling the Heat: Climate Shocks and Credit Ratings," IMF Working Paper, Dec. 18, 2020, http://www.imf.org/en/Publications/WP/Issue/2020/12/18/Feeling-the-Heat-Climate-Shocks-and-Credit-Ratings-49945.

[②] 联合国环境计划署报告：《气候变化与发展中国家的资本成本》，https://www.soas.ac.uk/economics/research/grants/climate-change/file133113.pdf。

洲、印度、秘鲁则可能被降四个级距。① 碳融资风险指的是筹集资金用于绿色发展面临的风险，而碳债务风险则是从反向看，指的是如果气候调整不到位可能对包括碳融资在内的一切融资行为造成的风险。对中国来说，后者至少包括两方面内容：一方面是国际评级机构可能因为对中国减排工作的主观看法，而调降中国的主权信用评级，以及部分机构、私人企业的信用评级，增加融资成本；另一方面则是对中国已经发行的碳中和有关债券给出较低评级，直接影响中国的碳融资。同时，中国以债务形式对其他新兴和发展中国家进行气候融资援助，也将受到这些国家的主权评级影响。2021年年3月，中国首次面向全球发行200亿规模绿色金融债券，是目前全球市场发行金额最大的专项用于碳达峰、碳中和的绿色债券，也是中国首支获得国际气候债券倡议组织（CBI）第三方机构认证的绿色债券。未来，债务融资将是中国实现碳融资的重要途径，要格外注意相关风险。

## 五、碳技术风险

技术进步对碳达峰、碳中和的作用是决定性的，相关技术也是新一轮科技革命、产业革命中的重要一环。能否在相关技术上取得自主领先地位，不仅关系到气候工作的成败，也关系到经济发展的质量。20世纪90年代以来，气候变化成为重要的科技前沿问题，发达国家普遍投入巨资开展研究，形成了完善的气候科学和相应的减排技术，占据了气候变化科技领域的领先地位。这些前沿领域主

---

① 路透社：《研究显示全球变暖将致2030年前逾60国信用评级降级》，2021年3月19日，https://cn.reuters.com/article/global-climate-sovereign-credit-rating-0-idCNKBS2BB04M。

要包括气候预测与影响、能源开发、能效提升、碳捕捉与碳封存，以及其他温室气体减排技术等重点领域。其中，能源开发主要是对可再生能源、氢能源、核裂变、核聚变的研究。当前，以新能源技术为代表的减排技术又进入到一轮快速发展期，光伏、风电、储能、氢能等有望取得重大突破。这些技术既涉及基础科学，也涉及应用研究，是一个系统的气候变化科学体系，并在此基础上建立了庞大的产业体系，形成了一定规模的技术和产业垄断。中国从"八五"计划开始将气候变化科技作为重点研究课题，组织了一系列与气候变化有关的科技研究，并积极参与气候变化领域国际科技合作，取得一系列重大成果。同时，中国的产业界积极参与气候变化，中国绿色技术开发利用和装备水平位居世界前列。中国是目前全球最大的可再生能源市场和设备制造国，光伏产业占据全球主导地位，光伏组件全球排名前十的企业中占据七家，为全球市场供应了超过70%的组件。但也要看到，中国在气候变化基础科学、装备制造关键技术等方面仍存在短板。在光伏产业方面，光伏胶膜的核心原材料之一聚烯烃弹性体依赖进口，光伏组件封装用乙烯—醋酸乙烯共聚物树脂国产化率相对较低；在规模领先的锂电领域，高性能硅碳负极、高端隔膜材料离国际先进水平还有差距；中国氢燃料电池产业迫切需要解决包括质子交换膜、膜电极、碳纸以及储氢材料等关键材料的短板问题。此外，从整体上看，因为中国需要以更短的时间实现更大规模的减排，这对相应技术能力提出了更高要求，必须实现相关技术以更快迭代速度发展，才能满足要求。

## 六、碳材料风险

新能源技术的转化、存储、传输、使用等都是由多种特定材料的独特化学和物理特性所促成的。清洁能源技术通常比化石燃料技术需要更多的矿物，电动汽车使用的矿物质是传统汽车的5倍，陆上风力发电厂需要的矿物质是同等容量的燃气发电厂的8倍，提高化石燃料能效也需要更多的矿物。巨大需求推动矿物价格不断攀升，2016年至2018年初全球钴价上涨了5倍。[①] 美国很早就关注到重要矿物质的供应链安全问题，2017年12月，特朗普签署13817号行政令，要求制定战略减少国家对外部关键矿物的依赖，制定获取和开发关键矿物的备选方案；2018年5月，美国内政部发布包括35种关键矿物的清单；2019年6月，美国商务部发布题为《确保关键矿物安全可靠供应的联邦战略》报告，建议美国政府采取推进关键矿产供应链转型、减少国内矿产资源开发审批限制等措施；2019年6月，美国宣布成立能源资源治理倡议，拉拢关键矿物生产国家加入。2008年，欧委会提出"原材料倡议"综合战略，加强对非能源和非农业原材料的安全供应，2011年、2014年、2017年，欧盟分三批公布了27种关键原材料。2011年，日本发起"日、美、欧关键原材料三边会议"，探讨如何加强关键原材料安全供应，目前已经连续举办9届。中国是全球可再生能源研发、生产和应用的主要市场，连续多年蝉联全球可再生能源投资和装机榜首，对相关关键矿物原材料需求巨大。中国稀土资源丰富，但总体看在关键矿产资源领域还存在基础研究薄弱、资源家底不清、战略统筹不足等问题，一些矿物高度依赖国际市场，需要尽快完善相关机制，确保不出现断供风险。

---

[①] IEA, Tae‑Yoon Kim, Milosz Karpinski, "Clean energy progress after the Covid‑19 crisis will need reliable supplies of critical minerals," https：//www.iea.org/articles/clean‑energy‑progress‑after‑the‑covid‑19‑crisis‑will‑need‑reliable‑supplies‑of‑critical‑minerals.

## 七、"碳足迹"风险

"碳足迹"（carbon footprint）指一项活动或者一件产品的整个生命周期中，直接或间接产生的温室气体排放总量。一件商品的碳足迹就是指这件商品在整个产业链上的碳排放总量，也就是说，这件商品的排放是否达标，不仅要看其本身在使用过程中的排放量，还要看它在生产、维护和处理过程的排放是否达标，是一种相对极端的要求。从经济上看，以碳足迹来作为商品的绿色标准，将对产业链上下游所有企业产生明显冲击，带来碳产业链风险。目前，中国已经深度融入全球产业链，整体处于枢纽位置，对所谓"碳足迹"的感知也会更加明显。以全球最强大的汽车产业链为例，汽车产业链是中国参与全球分工的典型产业，全球50%以上的汽车零部件制造都与中国有关。目前全球主要车企几乎都提出了碳中和目标，其中最关键的一条就是把碳中和作为全产业链和产品全生命周期的目标，要求零部件供应商遵守排放相关标准，否则可能会被排除出供应体系。比如，德国戴姆勒公司将碳排放指标作为选择供应商的一个重要标准，要求部分动力电池仅使用可再生能源生产；大众公司要求其高压电池供应商必须符合可再生能源标准；宝马公司要求使用绿色能源生产电池包等。对此，国内部分汽车业内人士指出，未来汽车整车和零部件出口必须要过更严格的环保关，不仅限于单纯的排放标准，而是从开发到制造、使用、回收全生命周期是否符合当地的碳排放法规。零部件企业如果不重视降低碳排放，将不被整车企业纳入采购名单，这对相当一部分本土零部件供应商来说，意味着巨大的生存危机。而汽车产业链只是碳足迹影响的一个方面，其他制造业也均受到不同程度影响。中国光伏产业为全球提供了70%的组件，其中相当大一部分需要过碳足迹检验这一关。

目前，中国尚未建立全产业周期碳排放核算方法，随着全球减排强度进一步提升，部分产业可能会面临比较被动的局面。对此，有研究指出，虽然中国整体碳达峰目标是2030年、碳中和是2060年，但部分行业可能需要更早实现碳达峰、碳中和，才能在相关产业链竞争中继续保持主动。①

## 八、竞争力风险

未来40年，中国经济将经历一条非常陡峭的减排路径。要在严格的排放约束条件下确保稳步实现国家发展目标，必须要用更短的时间来适应更大的变化，确保经济竞争力不断上升，这将非常考验中国经济的韧性和活力。当前中国经济增长与碳排放仍然是正相关关系，简单的说，要增加GDP就必须要增加碳排放，要在GDP继续以中高速增长的条件下实现碳排放，就必须推进经济结构转型，实现碳排放与经济增长的"脱钩"。因此，在经济结构、技术条件没有明显改善的条件下，温室气体减排等约束强化将压缩经济增长空间，削弱经济竞争力。中国的减排路径同经济结构的自然演化过程并不同步，加大减排力度，从经济上看就是提前压缩当前竞争力、提高未来竞争力的过程，要实现竞争力继续上升，就必须确保提升的部分大于压缩的部分。欧盟和美国分别在20世纪90年代和21世纪头十年实现碳达峰，钢铁、水泥、化工、金属等高排放行业占美欧GDP的比重均不到1%，占外贸比重更低，优势经济行业直接排放并不高，减排过程与其经济结构演化过程基本同步，要压缩的主要是经济中的刚性排放，对经济结构的冲击并不明显，其经济竞争力仍然保持净增长。俄罗斯经济结构尽管不够环保，但其

---

① 中国汽车技术研究中心：《中国汽车产业须在2050年前实现碳中和》。

总排放量低，减排压力较小。作为世界工厂，中国生产了全球约 56.5% 的钢铁（2020 年）与 55.7% 的水泥（2019 年），这些行业都较难实现净零排放。因此，从主要大国看，减排主要是压缩中国的当前竞争力。中国必须在这一过程中充分制定相应的对冲和保护措施，确保现有优势行业有序减排和退出，推动低排放、高竞争行业加速崛起，保证总体竞争力继续上升。

## 九、周期性风险

减排主要通过能源结构或能源体系的调整来实现，而能源转型具有明显的周期性特征，进而会对经济产生周期性影响。主导能源本身有漫长的生命周期，替代能源成为新的主导能源也要经历数个阶段、螺旋式上升的过程（小周期）。与煤炭替代柴薪、石油替代煤炭的过程不同，化石能源的替代能源主要包括太阳能、风能、氢能、核能、水能、生物质能、地热能、潮汐能，这些能源类型的发展周期并不同步，哪一种能最终替代化石能源目前并无定论。每一种替代能源都有自己的发展周期，当一种能源技术取得较大进步时，会掀起不同程度的投资和建设热潮，但当这种能源被证明潜力有限时，又可能引发投资失败。20 世纪 30 年代开始，美、苏掀起一股水电建设浪潮，50—70 年代美、苏、欧、日掀起核电建设浪潮，80 年代后太阳能和风能开始向商业化应用拓展，90 年代后各类替代能源技术全面上马，这些浪潮均带动了相关产业发展，但随后也有大量投资陷入困境。比如，核电在欧洲和日本遇到了巨大的发展困境。当前我们正在经历的新一轮替代能源投资热潮大致开始于 2008 年金融危机之后，2008—2018 年可再生能源投资出现快速上升势头，全球累计投资 2.09 万亿美元。这期间曾出现多次明显波动，比如 2013 年全球投资比上年大幅减少近 300 亿美元，2018

年大幅降低350亿美元，2019年投资和2018年持平，显示出本轮投资热潮有放缓趋势，相关上下游产业均受到影响。[①] 但新冠肺炎疫情之后，主要国家为加快复苏再度推出大规模经济刺激措施，可再生能源投资或在2021年之后继续保持极高的投资热度，这需要政府继续大量投入、持续追赶。同时，在多种潜在替代能源的发展周期中，也要把握好其周期性特点，如果只押注少数几种能源进行大规模投资，可能会错过新的技术周期，造成大规模投资失败。

## 十、系统性风险

18世纪，工业革命推动英国率先从"有机经济"转向"矿物经济"，英国建立起了新的经济体系，并推动整个西方迅速进入工业化阶段。20世纪，"矿物经济"中的主导矿物发生了变化，进而推动世界从"煤炭经济"转向"石油经济"，世界经济取得了爆发式增长。当前的世界经济正在围绕气候变化、能源转型形成一套新的完整碳经济体系，碳交易体系、金融体系、贸易体系、产业体系、科技体系，以及法律体系、经济规则、经济关系，有可能带来新一轮大增长，并由此形成新的世界经济格局。在这一过程中，如果一个国家没有掌握核心要素，就可能给自身经济带来系统性风险。目前，欧盟已经围绕减排形成了比较完善的碳经济体系，对内有超过15年运行经验的跨国家排放交易体系，非常完整的绿色法律体系，对外有正在推进的碳边境调节机制和外部融资机制；美国的碳经济体系虽然不如欧盟完整，但其国内金融市场发达，气候基础科学和应用科学均处于全球领先地位，部分州也有开展碳经济的

---

① REN21, "Renewables 2020, Global Status Report," https：//www. globalwomen-net. org/renewables – 2020 – global – status – report/.

丰富经验，其发展潜力要远大于欧盟。中国在可再生能源科技研发、装备制造、部署应用、市场发展、国际贸易等方面优势明显，已形成全球最完备的可再生能源技术产业体系，是全世界最大的可再生能源市场和设备制造国。可再生能源占中国新增装机40%，占发电量的30%，开发利用规模也稳居世界第一。但中国在另外一些领域还相对落后，在碳交易市场建设、碳金融体系等方面与美欧还存在明显差距。而碳交易市场在未来全球减排进程中可能将发挥枢纽作用，碳金融体系对未来世界金融体系和全球治理的改革发展都具有重要意义，这些都是影响世界格局演变的关键。

# 结语　能源安全的未来

能源安全是一个世界性问题，而能源短缺曾经是长期困扰中国发展的难题。中国能源禀赋的特点是"富煤、贫油、少气"。从总量上看，煤炭、石油和天然气分别占我国探明化石能源储量的94%、5.4%和0.6%，煤炭明显占据绝对优势。根据国家统计局数据，2019年，中国能源生产总量约合39亿吨标准煤，其中原煤，原油，天然气，水电、核电、风电分别约合27亿吨、2.7亿吨、2.3亿吨和7.4亿吨标准煤，原煤占70%；能源消费总量约合48亿吨标准煤，其中原煤，原油，天然气，水电、核电、风电分别约合28亿吨、9.1亿吨、3.9亿吨和7.4亿吨标准煤，原煤占58%；能源供求缺口主要是原油，占总缺口的71%。①

改革开放以来，中国能源生产和消费长期保持高速增长，到目前已经成为全球第一大能源生产国（总量）、消费国和进口国。②过去二三十年的时间里，中国主要使用煤炭这一种燃料，支撑了全球增速最快的主要经济体，支撑了世界市场，支撑了世界经济增速。2015年，中国能源发展"十三五"规划中，提高供给保障能力仍然是国家能源发展的重点。2020年"十四五"规划关于构建现代能源体系部分，表述变为"推进能源革命，建设清洁低碳、

---

① 国家统计局"国家数据"，http://data.stats.gov.cn/index.htm。
② 欧盟是第一大进口实体。

安全高效的能源体系，提高能源供给保障能力"，仍然强调提高保障能力。

如果说中国早期能源供给紧张主要是由于煤炭生产落后、原油生产不足、能源输送阻隔、电网建设不发达等因素制约，那么近年来的能源焦虑则主要来源于越来越严重的能源进口依赖。1992 年，中国成为石油净进口国，2019 年我国石油消费 9.1 亿吨，其中 6.4 亿吨需要进口，对外依赖已经超过 70%。[①] 同时，当前中国能源体系仍然面临结构不平衡、能源利用效率低、跨区资源配置矛盾凸显、能源体制机制不健全等问题。中国能源生产和消费总量大，就意味着同等比重下可再生能源的绝对产量要远远大于发达国家，但目前全球减排不仅看绝对量，也看相对量，这给中国带来明显压力。

在当前条件下，中国要提高能源自给、巩固能源安全保障，就必须保证一定的煤炭消费，要实现配置更高效、更环保的能源结构，就必须增加石油和天然气消费，导致进口的增加。煤炭清洁化利用尽管在加速，但总盘子太大，要短期内实现普遍性清洁利用也不现实。随着中国经济结构不断加速转型，钢铁、建材、有色金属等高耗能行业能源消费预计将达到峰值，在不增加新能源和可再生能源消费的前提下，这一矛盾很难解决，不利于中国从总体上维护国家能源安全。

中国早就注意到了这一问题，随着可持续发展、能源转型逐渐成为一种国际趋势，中国国内关于通过能源转型来促进能源体系升级、缓解能源安全的呼声也越来越高。进入 21 世纪后，国内能源体系升级优化和能源转型进程开始提速，技术、投资和生产能力优势推动这一进程出现一种跨越式演进。中国对能源转型的认识越来越贴近能源体系发展的内在规律，从最早的可持续发展、配合产业

---

① 国家统计局"国家数据"网，http：//data.stats.gov.cn/index.htm。

升级、配合国内区域开发,逐渐进入塑造现代能源体系、加速推进能源系统转型这个核心问题上来,逐步明确能源转型的重要意义,以及政策重点。"碳达峰、碳中和"目标的提出,标志着中国的能源转型工作进入了一个更加科学、系统、领先的新时期。

目前,中国的可再生能源产业开始全面规模化发展,进入了大范围增量替代和区域性存量替代的发展阶段。① 2016 年 12 月,中国发布《能源生产和消费战略革命(2016—2030)》,指出今后十余年中国能源发展将进入从总量扩张向提质增效转变的新阶段,要实现能源生产和消费方式根本性转变。报告提出,到 2030 年实现能源消费总量控制在 60 亿吨标准煤以内,非化石能源占能源消费总量比重达到 20% 左右,天然气占比达到 15% 左右,新增能源需求主要依靠清洁能源满足;到 2050 年,非化石能源消费占比达到 50%。② 2019 年能源消费总量 48.6 亿吨标准煤,比上年增长 3.3%;能源消费结构进一步优化,天然气、水电、核电、风电等清洁能源消费量占能源消费总量的 23.4%,上升 1.3 个百分点;预计到 2020 年非化石能源发电装机比重达到 39%。③ 2019 年,中国新能源市场投资达 834 亿美元,占全球 30%,连续第 8 年位居全球清洁能源投资第一大国位置。④ 2017 年,中国全年新增光伏装机容量达 54GW,一年内新增装机超过美国历史上的累计装机。⑤

---

① 《国家发展改革委关于印发〈可再生能源发展"十三五"规划〉的通知(发改能源〔2016〕2619 号)。

② 中国国务院:《能源生产和消费战略革命 2016—2030》,第 8—9 页。

③ 国家统计局:《中华人民共和国 2019 年国民经济和社会发展统计公报》,国家统计局官网,2020 年 2 月 28 日,http://www.stats.gov.cn/tjsj/zxfb/202002/t20200228_1728913.html。

④ 能源界:《2019 年全球可再生能源产能投资达 2820 亿美元!中国占比最大》,http://www.nengyuanjie.net/article/33796.html。

⑤ 中国储能网新闻中心:《中国光伏大跃进,2017 年一年新增光伏装机超过美国历史累计装机》,中国储能网,2017 年 12 月 6 日,http://www.escn.com.cn/news/show-480187.html。

对于在新能源高速发展中出现的问题，中国政府及时作出调整。比如，《2017年能源工作指导意见》要求提高清洁低碳能源发展质量和效益，对弃风率超过20%的省份暂停安排新建风电规模，对弃光率超过5%的省份暂停安排新建光伏发电规模等。[①]

当前，美、欧、日等全球主要能源消费国的能源安全战略基本由能源进口的多元化、能源结构的多样化、能源体系的现代化、能源储备的战略化四方面内容组成。不同国家从自身条件出发，在具体落实中有所侧重，也各有所长。比如，美国在四方面全面发力，建设全面可靠的能源安全战略，并且还配套强有力的政治、经济和外交措施，加之美国自身拥有可观的油气储量，可以进行内部挖潜，一般消费国很难达到与美国相匹敌的高水平。欧洲大陆国家能源短板明显，着重推进能源替代的多样化和能源进口的多元化，在替代能源上采取较为激进的政策，保证能源进口不过度依赖某一方。欧洲能源战略的核心目标，是在确保能源可靠供给的同时，实现一定的国际战略自由活动空间。日本的石油几乎全部依靠进口，高度重视能源外部输入的稳定性和能源战略储备的可靠性，以足够应对短期供应中断，建成了全球天数最长的战略储备，同时也高度重视替代能源发展。日本能源安全的自由空间在发达国家中最小，有时不得不牺牲外交利益来换取能源供给。

这四方面也是中国能源安全战略的重要发展方向。但除此之外，中国在很长一个时期内的能源安全还要同时着眼解决另外两个艰巨任务：一是能源体制机制改革，确立现代化的能源体系，这与发达国家能源体系现代化具有相同的目标，但需要完成更多的任务、经历更长的历程。二是能源发展的不均衡问题，包括地区失

---

[①] 《2017年能源工作指导意见》，国家能源局网，2017年2月10日，http://zfxxgk.nea.gov.cn/auto82/201702/t20170217_2602.htm。

衡、城乡失衡、部门失衡等。① 因此，中国的能源安全战略应该包括能源供给的多元化、能源结构的多样化、能源体系的多元化、能源储备的战略化与能源供需的均衡化五项内容。此外还要看到，中国与美国、欧盟、日本等消费国面临的国际环境也存在明显差异，这使得我们在完成上述五项任务时需要克服更大阻力，付出更大成本，经历更长的历程。能源体系的现代化进程与技术发展水平息息相关，美、欧、日之间可以共享技术，实现更大的规模效应，而中国很大程度上需要通过内部创新来解决。

结合上述这些方面，在能源转型和能源政治新条件下，本书为中国未来的能源安全战略提出以下建议：

## （一）在能源体系现代化进程中采取"改革加变革"两条腿走路策略

当前中国的能源体系距离全面现代化还有一定距离，这决定了能源转型虽然是中国能源体系现代化进程的重要方向和内容，但还只是一个方面。中国不仅需要开展一般意义上的能源安全工作，还要在改革、优化体制机制上面做很多工作。中国能源结构优化选择"双替代"，能源现代化革命可能也需要采取"改革加变革"两条腿走路策略。要将能源体制机制改革同能源转型进程结合起来，着眼未来能源体系特点要求来推进改革，防止出现相关机制建完就落后的情况出现。中国现有电力运行机制需要适配可再生能源规模化发展的需要，但目前规划中电网大项目建设可能仍是围绕传统电力系统展开的，未来10—20年的适用性存在一定疑问。此外，还要着力加快改革进程，尽快破除现行体制下的阻力因素。特别是优化能源价格、税收、财政、环保等政策衔接协调，推动市场在资源配

---

① 部门指的是市场中不同的领域，比如生产部门、消费部门、中介部门等。

置中发挥更大作用。可再生能源最终要实现市场化发展，如果补贴阶段没有将市场功能建设到位，那么等到其他国家完全迈出补贴阶段时，中国的可再生能源产业将面临明显压力。

（二）找准主要矛盾优化能源转型进程

中国能源安全的主要短板来自于对油气进口的高度依赖。当前中国可再生能源发电主要替代煤炭发电，对于减少排放、理顺市场发挥重要作用，但对油气高度依赖进口的现状改善作用不明显。如前所述，可再生能源对国际能源政治的影响要发挥作用，主要体现在对油气的替代上。如果中国现阶段更多是替代煤炭，而且是可再生能源和油气能源同时替代煤炭，导致后两者的消费同时上升，事实上不仅不会改善我国的能源安全，还可能因为油气消费上升而恶化能源安全。因此必须设法将中国在可再生能源领域的优势来抵消油气领域的劣势，将之转化成国际政治收益。本书对能源替代进行了粗略计算，发现理想状况下交通领域能源替代每年可减少3亿吨石油进口，对中国降低对外能源依赖的效应最为明显。这就需要我们进一步加大交通运输能源替代，主要是进一步加快新能源汽车应用推广。包括加大新能源汽车技术研发应用投入，但要注意及时淘汰落后产能，调整优化新能源汽车消费支持政策，确保获得更大推广空间。

（三）提前布局可再生能源条件下的国际能源政治

随着可再生能源消费占比不断上升，国际能源政治领域的变化将逐步显现，各国争夺的目标、方式，主要国家自身角色，南北关系，国际能源市场等都将出现一系列变化。我国很可能就是新条件下国际能源政治的最大变量，其他很多变化是围绕中国展开的。要用好这个最大变化,推动国际能源规则、标准体系朝着更加公平、合理的方向发展,革除那些长期不合理的现象。

### (四) 制定关键矿产资源安全国家战略

针对当前西方国家在全球加大对关键矿产资源争夺的局面,中国也应尽快制定关键矿产资源安全国家战略。制定关键矿产清单,建立完善的优势矿产战略储备体系,实现资源的全球化配置,夯实高质量发展的资源保障基础。增强全球关键矿产资源整合能力,充分利用国内外市场,进一步扩展资源边界,建立多元化供给渠道。提升关键矿产资源应用水平,明确关键矿产资源的战略定位与布局,整体规划、统筹联合发展产业链,加大关键矿产资源的基础研究和勘探开发力度,加强关键矿产的提炼回收、循环利用及可替代品研究,引导促进关键矿产资源开发利用向高附加值环节发展,加快缩小在新型材料、关键设备等方面与国际先进水平的差距。

### (五) 创新战略更好参与全球能源治理

在南北能源关系的变化条件下,中国应抓住机会调整与部分发展中国家的能源关系,从原来的能源供求关系,转化为新条件下的能源发展关系。国际发展合作是中国近年来新形成的最重要对外战略规划,可以将能源转型作为国际发展合作的主要内容,帮助发展中国家加强能力建设,推进自身能源转型和全球减排行动。加强与国际可再生能源机构等全球能源治理新平台的合作,深度参与国际能源转型、减排等进程的目标设定、规则制定,推动国际秩序合理化发展。